Dott. John Coleman

LA GUERRA DELLA DROGA CONTRO L'AMERICA

OMNIA VERITAS®

John Coleman

John Coleman è un autore britannico ed ex membro dei servizi segreti. Coleman ha prodotto diverse analisi del Club di Roma, della Fondazione Giorgio Cini, della Forbes Global 2000, del Colloquio interreligioso per la pace, dell'Istituto Tavistock, della Nobiltà Nera e di altre organizzazioni vicine al tema del Nuovo Ordine Mondiale.

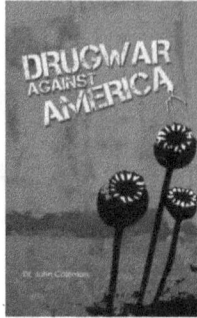

LA GUERRA DELLA DROGA CONTRO L'AMERICA

DRUG WAR AGAINST AMERICA

Tradotto dall'inglese e pubblicato da Omnia Veritas Limited

© Omnia Veritas Ltd - 2022

www.omnia-veritas.com

CAPITOLO 1 11

LA GUERRA DELLA DROGA CONTRO L'AMERICA 11

CAPITOLO 2 54

IL RUOLO DELL'AFGHANISTAN NEL COMMERCIO INTERNAZIONALE DI
OPPIO/EROINA 54

Droga: dietro il mercato del petrolio e il commercio di armi 83

La coltivazione del papavero da oppio in Afghanistan 90

CAPITOLO 3 91

LA FINTA GUERRA DELLA DROGA 91

CAPITOLO 4 117

PANAMA SOTTO ASSEDIO 117

Intervento degli Stati Uniti 160

CAPITOLO 5 180

IL RUOLO DEL PAKISTAN NELLA GUERRA ALLA DROGA 180

AGGIORNAMENTO APRILE 2009 194

GIÀ PUBBLICATO 199

Capitolo 1

La guerra della droga contro l'America

Il primo passo per risolvere un problema è riconoscerlo come tale. L'America ha un problema di droga, un enorme problema di droga che si rifiuta di scomparire; un problema che non sarà risolto finché la nazione non affronterà la sua origine.

La maggioranza degli americani sa che c'è un'epidemia di droga, ma solo una piccola minoranza è consapevole che è stata inflitta alla nostra società dai "dominatori delle tenebre, i malvagi nelle alte sfere, che preferiscono le tenebre alla luce perché le loro azioni sono malvagie".

Questo libro racconta chi sono questi uomini e come gestiscono l'azienda più grande e redditizia del mondo, quali risultati hanno ottenuto e l'efficacia delle contromisure adottate.

Non pensate che il commercio di droga sia solo un commercio di strada, dove gli spacciatori sono controllati dalla mafia. Questo è certamente parte del problema, ma i veri promotori di questo commercio maledetto si trovano nei corridoi dell'"'élite" di questo mondo, le famiglie "reali", le famiglie "nobili" d'Europa e le "migliori" famiglie d'America, Gran Bretagna e Canada. Il commercio raggiunge le più alte sfere del potere e non è stato sradicato, ma solo in parte contenuto. L'USDA e le agenzie antidroga di tutto il mondo stanno cercando di combattere un incendio boschivo con le manichette senza una sufficiente pressione dell'acqua. Come è possibile?

La risposta è che il traffico di droga non può essere sradicato perché i suoi direttori, i dominatori delle tenebre, i cattivi in alto loco, non permetteranno che venga loro sottratta l'attività più lucrativa del mondo, con profitti colossali che richiedono un capitale di investimento minimo, un prodotto praticamente gratuito con costi di produzione minimi. Gli unici problemi che devono affrontare i controllori di questa "società" di massa sono la consegna e la distribuzione. Come ho detto in uno dei miei libri, sicuramente una nazione capace di organizzare un massiccio sforzo di mobilitazione e di inviare un enorme esercito all'estero per combattere e vincere la Seconda Guerra Mondiale può organizzare una campagna per sradicare il commercio di droga.

Il traffico di droga è un compito più arduo della guerra contro la Germania e il Giappone nella Seconda Guerra Mondiale? Certo che no, l'America può farlo. Il problema è che il fattore X entra in gioco non appena l'agenzia antidroga statunitense inizia ad affrontare il problema, e il fattore X è l'élite al potere, le cui enormi fortune derivano dal traffico di droga.

Questo commercio iniziò nel 1652 e coinvolse diversi altri Paesi. L'"alta società" aristocratica britannica gestiva in realtà il lucroso commercio dell'oppio cinese e Lord Palmerston del governo britannico lo dichiarò persino in Parlamento.

L'immensa ricchezza e il potere di cui godono le famiglie dell'aristocrazia britannica - la classe dirigente - possono essere ricondotti direttamente a questa odiosa e sporca attività. Come ho spesso detto nei miei *Weekly Intelligence Reports* e altrove, la lunga lotta per il controllo di Hong Kong tra il governo britannico e quello cinese non riguardava l'isola in sé, ma chi si aggiudicava la parte del leone dei miliardi di dollari generati dal commercio di oppio della Cina, che rappresenta il 64% dei suoi guadagni in valuta estera. Le famiglie "nobili" britanniche avevano sempre fatto la parte del leone, ma ora che i cinesi chiedevano una fetta più grande, con il crollo dell'Impero britannico e del suo potere, la Gran Bretagna non aveva altra scelta se non quella di acconsentire alla loro richiesta, ma a una condizione. Il controllo del commercio mondiale doveva rimanere nelle mani britanniche, le mani contaminate delle "nobili" e rispettatissime "vecchie" famiglie, quelle che non avrebbero concesso il giusto tempo a quelli del popolo americano, l'oligarchia che occupa i posti di potere nelle alte sfere! La guerra delle droghe contro l'America prese una nuova e inquietante piega all'inizio degli anni Cinquanta, con l'introduzione dell'LSD nella gioventù americana da parte di Aldous Huxley e Bertrand Russell. L'LSD è prodotto dalla famiglia svizzera dell'oligarchia e della nobiltà nera, Hoffman LaRoche. La sperimentazione dell'LSD è ufficialmente sotto il controllo del Centro di Ricerca di Stanford, dove sono stati condotti esperimenti estesi con i nomi in codice "Operazione Naomi" e "Operazione Carciofo" con marijuana e cocaina.

La gioventù americana è scomparsa sotto una bufera di polvere bianca prodotta da foglie verdi accartocciate. Le vittime consenzienti e non consenzienti sono state "testate" in luoghi come il Center for Addiction, il Mount Sinai Hospital e il Boston Psychiatric Hospital, per citare solo due dei maggiori centri di sperimentazione. Con la contemporanea promozione della "musica" atonale di Theo Adorno, perfezionata a Wilton Park, sede della propaganda britannica e centro di disinformazione, è nata una stupefacente frode chiamata "musica rock" eseguita da gruppi rock, che è servita come mezzo per l'introduzione dei famigerati programmi di lavaggio del cervello e di "test" della droga.

Il primo di molti inganni di questo tipo fu la "scoperta" da parte di Ed Sullivan della band di tossicodipendenti "The Beatles". L'intero business del "rock" è stato concepito e perfezionato a Wilton Park con l'obiettivo deliberato di utilizzarlo come veicolo per invogliare i giovani americani a fare uso di droghe e renderlo un costume sociale accettabile. Il rock è stato concepito unicamente come veicolo per la diffusione delle droghe e tutti i "gruppi rock" "scoperti" dopo l'esperimento dei Beatles sono diventati parte di una guerra psicologica contro i giovani di molti Paesi. Tutti i gruppi fraudolenti sono stati formati a Wilton Park da esperti che li hanno definiti "musica atonale", dopodiché

Wilton Park ha scatenato tutta una serie di "gruppi rock" su un ignaro pubblico americano. Ed Sullivan, il personaggio radiofonico più famoso d'America, è stato complice del crimine del secolo portando i "Beatles" in America!

Chi è coinvolto nella promozione di concerti rock o nella distribuzione di dischi e cassette di quel suono orrendo, una cacofonia di rumore che disturba la mente, avrebbe dovuto essere perseguito per il suo coinvolgimento nella diffusione della droga. Credo che tutti i concerti rock siano un crimine, perché vengono usati per incoraggiare i giovani a drogarsi. Ecco come i concerti rock sono stati organizzati principalmente come copertura per lo spaccio di droga e come la "musica" rock è diventata parte integrante della guerra alla droga in America. È ora che noi, il popolo, ci togliamo i guanti e battiamo qualche testa!

Sarà doppiamente difficile sradicare il traffico di droga finché non sarà sradicata la "musica rock" e non saranno messi fuori legge i cosiddetti "concetti rock". Questo significa chiudere la divisione dischi della RCA e, come sapranno coloro che hanno seguito i miei reportage nel corso degli anni, la RCA è una branca dei servizi segreti britannici, nata nel 1924, quando la società americana Marconi era una filiale interamente controllata dalla società britannica Marconi. Allora come oggi, RCA era gestita dagli inglesi in virtù del controllo di Morgan Guarantee sul gruppo madre, Westinghouse e General Electric Company. United Fruit Company - ora United Brands - il cui presidente, Max Fisher, ha donato ingenti somme di denaro al Partito Repubblicano nel 1972, deteneva il franchising per tutte le apparecchiature di comunicazione vendute in America Latina e nei Caraibi dal gruppo RCA-Westinghouse-G.E.. La RCA aveva legami con la Germania prima della Seconda Guerra Mondiale, grazie all'amicizia di tutta la vita del presidente della RCA David Sarnhoff con Hjalmar Schacht, il genio finanziario di Hitler. Furono amicizie di questo calibro a impedire al "giudice" Jackson di ottenere una condanna contro Schacht nei "processi" illegali di Norimberga. Il giudice Jackson non era affatto un giudice, ma un avvocato, che accettò il disperato appello del governo statunitense per occupare il posto vacante nei processi di Norimberga. I giudici statunitensi regolari non riconobbero la legalità del procedimento di Norimberga e si sottrassero alle offerte del Dipartimento di Giustizia di rappresentare il governo degli Stati Uniti.

Mi affretto ad aggiungere che le droghe illegali "ricreative" sono state completamente eliminate in Germania quando Hitler era al potere. La RCA, attraverso Sarnhoff (un agente dei servizi segreti britannici di lunga data), si impegnò personalmente nella raccolta di fondi per vari esperimenti e progetti legati alle droghe condotti dallo Stanford Research Institute, la stessa istituzione che supervisionò il famigerato programma sperimentale MK Ultra LSD.

E il presente? A metà 2009, il quadro generale è molto negativo. La DEA e le autorità internazionali preposte all'applicazione della legge sulla droga non sono state in grado di intaccare nemmeno in minima parte l'infrastruttura ben protetta del narcotraffico. Nonostante i maggiori sforzi della DEA, il flusso di droga verso l'America continua ad aumentare ed è ora ufficialmente fuori controllo. Questo non significa che l'America non possa fermare il commercio. Ciò che indica è che l'America sta combattendo una guerra alla droga con entrambe le mani legate. Gli sforzi per combattere la minaccia della droga assomigliano a uno spettacolo teatrale comico e non avranno più successo dei precedenti tentativi falliti, finché non si arriva alle persone che stanno dietro la scena della droga.

Le seguenti misure, che non sono state adottate, dovrebbero essere prese senza ulteriori ritardi:

➢ Chiudere il rubinetto degli "aiuti esteri" ai Paesi che producono le materie prime per il commercio.

➢ Gli Stati Uniti dovrebbero inoltre stipulare un trattato speciale di estradizione con i Paesi produttori di droga, che consentirebbe agli agenti della DEA di operare nei Paesi produttori con il potere di estradare negli Stati Uniti i principali produttori di droga.

Se siamo stati in grado di formulare gli statuti di Norimberga per i "crimini contro l'umanità", allora dobbiamo anche essere in grado di formulare un accordo internazionale che dia agli agenti statunitensi un'ampia libertà, perché il commercio di droga non è forse un crimine contro l'umanità?

> Gli Stati Uniti devono nominare procuratori speciali (come abbiamo fatto per la cospirazione Tavistock Watergate) per coordinare tutti i procedimenti penali legati alla droga.

Nella misura in cui gli Stati Uniti sono stati in grado di creare un tribunale internazionale a Norimberga, possiamo sicuramente fare lo stesso oggi, perché la droga e il commercio di droga sono una guerra al mondo civilizzato - e certamente un crimine contro i diritti umani.

> Gli Stati Uniti devono impegnarsi in un programma per incoraggiare i Paesi che producono le materie prime per il commercio a vendere l'intero "raccolto" ad americani nominati e controllati, in base a un accordo scritto che prevede che non verranno prodotti altri "raccolti".

> Gli agenti statunitensi devono avere un accordo per rendere il terreno di intere aree di coltivazione (come Helmand in Afghanistan, patria del papavero da oppio) inutilizzabile per la piantagione di papavero.

Si può fare ed è molto meno costoso degli enormi costi di sorveglianza delle nostre coste e del pagamento delle spese mediche delle vittime del traffico di droga.

> Una misura che gli Stati Uniti possono facilmente adottare è l'approvazione di leggi che istituiscano la pena di morte per chiunque venga sorpreso a trafficare, vendere o promuovere la droga.

> I tossicodipendenti sorpresi a fumare o ingerire droghe dovrebbero essere processati da un tribunale speciale e, se condannati, inviati in un campo di riformatorio nel mezzo del deserto del Mojave con il minimo di comfort umano.

Ci sarebbe un periodo di amnistia durante il quale tutti gli spacciatori dovrebbero consegnare le loro scorte di droga ad agenzie governative appositamente selezionate o a comitati di cittadini per l'immediato incenerimento. In seguito, chiunque fosse stato sorpreso a vendere droga o ad essere in possesso di droga da vendere sarebbe stato giustiziato.

➢ Tutti i locali ad alto consumo di droga, come le discoteche e i nightclub, dovrebbero essere costretti a chiudere e i loro proprietari dovrebbero essere multati pesantemente e condannati al carcere se viene dimostrato nei tribunali dei procuratori speciali che nei locali si faceva uso di droga. I "concerti rock" dovrebbero essere vietati e i promotori di tali "concerti" dovrebbero essere condannati a pesanti multe e pene detentive.

➢ Chiunque trasporti droga negli Stati Uniti o attraverso i confini statali deve essere processato da procuratori speciali in tribunali istituiti a questo scopo. Se condannati, i trafficanti devono essere condannati a morte e la sentenza deve essere eseguita senza ritardi ingiustificati.

➢ Il Dipartimento dell'Agricoltura degli Stati Uniti sta per stipulare un trattato con tutti i Paesi produttori di piante medicinali che consentirà a squadre di agenti statunitensi di "perquisire e distruggere" tutti i luoghi in cui si trovano piante medicinali.

L'applicazione di un nuovo erbicida "sun-killer", composto da un aminoacido presente in tutte le piante, raggiunge questo obiettivo in modo efficace e poco costoso. Il composto è innocuo per gli animali e stronca la crescita indesiderata accumulando aminoacidi nella pianta medicata, facendo collassare il tessuto vegetale e disidratandolo entro tre ore.

Questo nuovo erbicida è in grado di eliminare alla fonte tutti i cespugli di coca, i papaveri e i campi di marijuana, senza danneggiare le colture normali o avvelenare il terreno. Secondo il dottor William Robertson della National Science Foundation, l'erbicida viene spruzzato proprio al calar della sera. Non appena il mattino successivo sorge il sole, si innesca una reazione a catena e le piante di droga iniziano a "morire dissanguate" perdendo tutti i liquidi interni. Nel giro di poche ore, le piante irrorate si raggrinziscono e muoiono. L'erbicida è facile da applicare, poco costoso e sicuro per l'ambiente. Non reagisce su colture alimentari come grano, orzo, avena, soia, ecc.

Con il sostegno nazionale e gli accordi internazionali, gli Stati Uniti potrebbero eliminare la droga dalla faccia della terra entro tre anni e a costi sorprendentemente bassi. Il programma potrebbe diventare operativo attraverso trattati e concordati. Ogni Paese che rifiutasse di aderire al programma, che includerebbe una clausola che richiede lo stazionamento di agenti statunitensi sul suo territorio, si vedrebbe revocare tutti i finanziamenti statunitensi per gli aiuti all'estero.

Si dovrebbe istituire un boicottaggio commerciale mondiale (come quello contro la Germania nel 1933) contro i Paesi che si rifiutano di firmare, e si dovrebbe esercitare una pressione internazionale su di loro attraverso tutte le agenzie delle Nazioni Unite, del tipo che è stato spietatamente applicato contro il Sudafrica e l'Iraq. Il nuovo prodotto, l'ALA, è già disponibile e gli Stati Uniti devono avviare un programma di emergenza per produrlo in quantità sufficienti per l'uso mondiale.

Dobbiamo mobilitarci per la guerra! L'attuazione di questo programma nella sua interezza richiederà uno sforzo concentrato, ma non maggiore di quello richiesto nel 1939-45. Se siamo stati in grado di fare un grande sforzo nella Seconda Guerra Mondiale, siamo obbligati a fare lo stesso sforzo ora. La sicurezza dell'America non è mai stata direttamente minacciata dalla Germania nel 1939. La Germania non aveva alcun problema con gli Stati Uniti, ma gli spacciatori di droga, le "famiglie nobili", sono una pericolosa minaccia diretta e molto attuale alla nostra sicurezza e al nostro futuro benessere come grande nazione. Gli Stati Uniti devono dichiarare guerra a questi Paesi e le loro basi produttive e i loro sistemi di trasporto e distribuzione devono essere annientati. Dobbiamo mobilitare le nostre enormi risorse di potenziale umano e tecnico per incontrare e distruggere i signori della droga.

Negli ultimi 34 anni, il popolo americano ha assistito impotente alla marea della guerra che si è rivolta contro di lui. Finora il popolo americano non si è reso conto che siamo in guerra perché il nemico non poteva essere identificato così facilmente come le nostre fabbriche di propaganda hanno identificato la Germania nel 1939. Questi stessi "opinionisti" della propaganda sono molto riluttanti ad affrontare il problema della droga, il che non sorprende affatto se si considera che gli "opinionisti" fanno parte della stessa rete. È assolutamente necessario far capire agli americani che gli osceni profitti della droga, che rovinano milioni di vite ogni anno, finanziano anche il terrorismo internazionale.

Recenti statistiche della DEA mostrano un allarmante aumento del numero di consumatori di eroina, cocaina e marijuana in America. Per quanto riguarda l'aspetto terroristico, basta ricordare le attività della setta "Shining Path" in Perù per capire come il denaro della droga abbia finanziato gli omicidi.

Questo gruppo era una delle bande terroristiche più violente e feroci del mondo, una banda di delinquenti intenzionata a conquistare il Perù per accaparrarsi il lucroso traffico di cocaina, fino a quando il Presidente del Perù Fujimori non è stato coinvolto personalmente. Ma questa azione gli costerà la presidenza e lo costringerà a fuggire in Giappone, temendo per la sua vita.

La cocaina è una minaccia crescente che colpisce 20 milioni di americani. Reso popolare dal jet set e dalle celebrità di Hollywood, attira circa 5.000 nuovi utenti ogni giorno! Frank Monastero della DEA ha recentemente dichiarato che i legami tra terrorismo e traffico di droga sono molto forti, "ma non credo che alcuni segmenti dell'amministrazione la vedano così". Sebbene Monastero non abbia specificato a quale "segmento" si riferisse, da conversazioni avute con alcuni funzionari statunitensi so che stava parlando del Dipartimento di Stato americano.

Il Dipartimento di Stato ha sempre espresso la sua opposizione a collegare i metodi di controllo della droga alla sospensione degli "aiuti esteri" e non ha accettato di attuare i metodi che ho descritto in questo libro. È risaputo che i funzionari del Dipartimento di Stato considerano una nomina nel campo del controllo delle droghe all'estero come l'incarico meno desiderabile nel servizio estero.

Il Royal Institute for International Affairs (RIIA) e il Council on Foreign Relations (CFR), che controllano la Rand Corporation (l'organizzazione che ha dato a Daniel Ellsberg la notorietà dei Pentagon Papers), hanno peggiorato la situazione producendo un documento non richiesto, in cui si sostiene che gli sforzi per combattere l'uso di droghe nell'istruzione "sono contraddittori, ambigui e non hanno effetto". Questo è palesemente falso, ma cos'altro ci si può aspettare da un'istituzione gestita dal Tavistock Institute of Human Relations,[1] i cui padroni sono le stesse persone che traggono profitto dal vile commercio di droga? Il Rapporto Rand è stato come sparare alle nostre stesse truppe, perché se avesse sparato alla folla della droga, avrebbe sparato ai suoi amici, non ai suoi nemici! Il risultato netto del Rapporto Rand è stato quello di scoraggiare i programmi di educazione antidroga. Eppure la Rand riceve ingenti finanziamenti dal governo statunitense: un esempio delle contraddizioni dei nostri sforzi per ridurre al minimo il traffico di droga.

Il General Accounting Office (GAO) stima che solo il dieci per cento della droga contrabbandata in America viene intercettata dalle forze dell'ordine. Questo dovrebbe essere un campanello d'allarme! Com'è possibile che una nazione altamente industrializzata, con una così grande forza lavoro, denaro e risorse tecniche, sia in grado di intercettare solo una percentuale così piccola di droga? Dobbiamo cercare la "mano nascosta", il potere che controlla il traffico di droga da dietro le quinte, la

---

[1] Si veda *The Tavistock Institute of Human Relations*, Omnia Veritas Ltd, www.omnia-veritas.com.

misteriosa "Forza X". Per rispondere correttamente alla domanda, affronterò questo aspetto man mano che procederemo.

Un documento recente che ho visto indica che la produzione di papavero da oppio in Cina è aumentata del 50% dal 2000. Altre statistiche contenute nel documento affermano che la produzione di marijuana e di foglie di coca è aumentata del 30 e del 40% e che la produzione di oppio dal papavero in Afghanistan è passata da 4.000 a 6.000 libbre all'anno dall'invasione del Paese da parte delle truppe USA e NATO nel 2003. Come è stato raggiunto questo obiettivo? Attraverso una guerra totale contro l'America condotta dal RIIA, da Wilton Park, dal Tavistock Institute, dal CFR e dall'oligarchia al potere delle famiglie nobili nere europee. Il loro strumento principale in questa guerra sono stati - e sono tuttora - i "gruppi rock" e i "concerti rock" e l'incessante promozione della decadente cacofonia di musica atonale che distrugge la mente e che passa per "musica". Questo strumento, usato per la prima volta nel 1950, è l'arma principale dell'arsenale del nemico nella sua guerra contro l'America e continuerà ad essere usato per diffondere la droga finché qualcuno non vi porrà fine una volta per tutte!

Tornando al commercio di eroina, le principali aree di coltivazione del papavero si trovano nel "Triangolo d'oro" del Sud-Est asiatico e nella "Mezzaluna d'oro", rispettivamente in Iran, Afghanistan e Pakistan.

Vale la pena ricordare che le famiglie della "gentry" britannica hanno fatto fortuna spedendo l'oppio dai campi dell'Afghanistan e del Pakistan ai consumatori in Cina, dove nel corso di un secolo hanno stabilito i contatti necessari che consentono loro di continuare oggi questo commercio in modo sicuro e redditizio.

Per quanto riguarda il Medio Oriente, la maggior parte dell'oppio grezzo transita attraverso il Libano, la Siria e la Turchia. Dopo una lavorazione intermedia, viene trasportato in Europa via Francoforte. La "Mafia di Francoforte" è responsabile della distribuzione dell'oppio e il famigerato Meyer Lansky (membro di spicco del sindacato criminale, ora deceduto) era il boss di questa operazione. Alla morte di Lansky, l'incarico fu affidato al generale israeliano Ariel Sharon, che lo mantenne fino alla morte. Sharon aveva forti legami con Paesi "produttori" come la Bolivia e il Perù, entrambi grandi produttori della foglia di coca da cui si ricava la cocaina. Il Libano è stato invaso per essere diviso in feudi e, come ho rivelato in uno dei miei reportage, Rifaad Assad, fratello del presidente siriano Hafez Assad, è stato prima messo agli arresti domiciliari e poi bandito dalla Siria a causa degli accordi "privati" che stava facendo con Sharon. L'espulsione di Rifaad Assad dalla Siria è diventata una questione di Stato, ma il vero motivo della sua espulsione - reati legati alla droga - non è mai stato reso pubblico.

Rapporti segreti del Senato indicano che il Dipartimento di Stato degli Stati Uniti non ha seguito la direttiva del Presidente Reagan di rimproverare i Paesi produttori di droga. Questo non dovrebbe essere una sorpresa, dato il background e il controllo esercitato da Chatham House attraverso l'agente britannico George Shultz, l'ex Segretario di Stato nominato dal Presidente G.H.W. Bush, un ex capo titolare dell'establishment liberale orientale con forti legami con il traffico di droga.

I Paesi produttori di droga ritengono che il problema della droga sia americano e che, finché c'è una domanda americana di droga, i Paesi produttori non fanno altro che soddisfare tale domanda. Questo punto di vista trascura totalmente il fatto che in Cina non c'era originariamente alcuna domanda di oppio, finché non è stata "creata" dalle stesse famiglie "nobili" senza scrupoli che hanno poi soddisfatto il "bisogno" e fornito l'oppio. Alcuni senatori ritengono che il modo per fermare questo commercio sia quello di "legalizzare" le droghe, a partire dalla marijuana e dalla cocaina. Naturalmente, si affrettano ad aggiungere che dovrebbe trattarsi di piccole quantità per uso esclusivamente privato.

È come combattere un incendio versandoci sopra della benzina! Queste stesse persone hanno creato eserciti privati in Perù, Bolivia e Colombia per proteggere i loro enormi investimenti nel traffico di droga in quei Paesi. La senatrice della Florida Paula Hawkins lo ha confermato, così come fonti di informazione private, che ovviamente non possono essere nominate. In

Bolivia, Colombia e Perù, questi eserciti privati ben armati hanno combattuto battaglie campali con le truppe governative e spesso le hanno sconfitte!

Di conseguenza, i banditi hanno ora il controllo totale delle aree di "coltivazione" e gli agenti governativi devono ottenere il permesso di entrare in queste aree! Naturalmente, il permesso non viene mai dato e gli agenti governativi che entrano nella "zona di esclusione" lo fanno con il rischio di essere uccisi, come molti di loro. La senatrice Hawkins si è detta fortemente favorevole a tagliare gli "aiuti esteri" ai Paesi colpevoli e ha annunciato la sua intenzione di farlo. La senatrice Hawkins è stata presidente della Commissione del Senato sull'abuso di alcol e droghe, ma ha perso presto la sua posizione quando è diventata troppo insistente. Hawkins ha incontrato una forte opposizione all'interno del Dipartimento di Stato, che ritiene che gli "aiuti esteri" rientrino strettamente nella sua giurisdizione e non debbano essere interferiti. Dal 1946, quando David Rockefeller istituì questo insidioso dono del denaro dei contribuenti statunitensi e il CFR lo mise per legge, il Dipartimento di Stato ha adottato un atteggiamento di non curanza nei confronti della truffa degli aiuti esteri. L'ex Assistente Segretario di Stato per gli Stupefacenti, Clyde D. Taylor, ha espresso la posizione del Dipartimento di Stato come segue:

> Dobbiamo tenere il problema della droga in prospettiva: abbiamo altri interessi diplomatici in questi Paesi e se ce li alieniamo a causa della droga, potremmo pentircene quando qualche anno dopo avremo bisogno di loro per qualcos'altro. L'idea di revocare gli aiuti esteri non è così semplice come sembra. Non abbiamo così tanta influenza come si potrebbe pensare.

Che confessione!

Tuttavia, nonostante l'opposizione del Dipartimento di Stato controllato dalla Gran Bretagna, negli ultimi cinque anni sono stati compiuti alcuni progressi, almeno sulla carta. Sono stati negoziati accordi per il controllo della droga con Pakistan, Bolivia, Perù, Messico e Colombia, ma a condizioni molto ristrette.

Per il Pakistan, la più grande via di commercio di oppio grezzo al mondo, è dubbio che l'accordo avrà un qualche effetto sul flusso di oppio verso l'America, poiché i leader militari e le altre forze dell'ordine si oppongono a qualsiasi controllo reale. Ali Bhutto, l'ex presidente del Pakistan, è stato l'unico a opporsi attivamente al traffico di droga sotto la protezione dei militari ed è stato assassinato dal suo successore, il generale Zia ul Haq. La Bhutto si era impegnata a fondo per sradicare il traffico di droga in Pakistan e la sua forte presa di posizione contro la droga l'ha probabilmente portata alla morte. Quindi non aspettatevi che il commercio di oppio in Pakistan rallenti. Continua nonostante il procuratore generale degli Stati Uniti, William French Smith, abbia visitato il Pakistan e abbia personalmente invitato il governo a fermarlo con una sostanziale assistenza statunitense. La risposta del Presidente ul Haq è stata quella di avvertire William French Smith di lasciare il Pakistan, non potendo garantire la sua sicurezza personale. Da allora, nessun procuratore generale degli Stati Uniti ha visitato il Pakistan.

Dall'altra parte del mondo, il maggior produttore di cocaina è la Colombia, anche se con la recente scoperta di nuove piantagioni di coca in Brasile, sembra probabile che perda la sua posizione a favore del Brasile.

La cocaina è classificata come "non assuefacente" e diversi medici di spicco al soldo degli spacciatori hanno dichiarato che non ha effetti nocivi duraturi. Ma tutto è cambiato quando un coraggioso medico ha dichiarato al *New York Times* che i test sulla cocaina dimostrano che, a lungo termine, chi ne fa uso subisce gravi danni al cervello. Secondo le statistiche della DEA che ho visto, il 75% della cocaina e il 59% della marijuana che arrivano in America provengono dalla Colombia.

La Bolivia produce il 10%, così come il Perù, mentre il Messico produce il 9% della marijuana. La marijuana coltivata localmente rappresenta l'11% del mercato, mentre il 9% proviene dalla Giamaica.

La "fabbricazione" della cocaina è un processo relativamente semplice. La pianta da cui si ricava la foglia cresce allo stato selvatico, ma oggi viene coltivata anche nelle piantagioni. Le foglie vengono strappate dal cespuglio da manodopera contadina locale a basso costo, poste su teloni e poi timbrate, dopodiché la paraffina e il carbonato di calcio vengono versati sulle foglie parzialmente schiacciate, ottenendo una pasta bianca. Si aggiunge quindi acido solforico e la miscela viene filtrata, dopodiché si aggiunge una sostanza chimica letale, l'acetone, e la miscela viene lasciata asciugare. Alcune persone aggiungono vino bianco alla miscela che, dopo qualche tempo, si trasforma in una polvere cristallina bianca e pura: la cocaina. Occorrono circa 300 libbre di foglie di coca per produrre un chilo di cocaina. Il costo della manodopera e delle materie prime è così basso che i profitti possono raggiungere il 5000% nella fase di produzione primaria.

Fino a poco tempo fa, il narcotraffico colombiano era completamente protetto dall'esercito, dalla magistratura e dalle banche, ma ciò è terminato con l'insediamento della Presidente Betancourt nel 1991. Gli ufficiali militari dissidenti che traevano grandi profitti dalla loro parte di commercio di cocaina e che non erano disposti a sostenere il programma antidroga della Betancourt sono stati privati del loro grado e della loro posizione. Ma dopo la partenza di Betancourt, le cose sono tornate alla "normalità". La maggior parte del denaro proveniente da questo commercio si trova in banche della Florida e in banche svizzere. La stampa svizzera è arrivata persino a criticare apertamente la Presidente Betancourt, sostenendo che la sua politica anticocaina sarebbe un duro colpo per l'economia colombiana e costerebbe molto al Paese in valuta estera. Si tratta ovviamente di una grande menzogna, poiché la maggior parte della "valuta" non torna mai in Colombia, ma finisce nei forzieri delle banche svizzere. Non c'è da stupirsi che i banchieri svizzeri non abbiano apprezzato la posizione anti-cocaina di Betancourt!

Elementi della Chiesa gnostica si sono schierati con forza contro Betancourt. In Colombia, i guerriglieri dell'MI9 (conosciuti con l'acronimo spagnolo FARC) negano che la maggior parte delle loro entrate provenga da fonti legate alla droga. Betancourt fece firmare al leader, il dottor Carlos Toledo Plata, un accordo con il governo colombiano, che portò a una tregua negli scontri, ma Plata fu presto assassinato dai narcotrafficanti.

Poco dopo questo omicidio, nel pomeriggio del 30 aprile 1984, due malviventi in motocicletta hanno ucciso a colpi di pistola il ministro della Giustizia colombiano, Rodrigo Lara Bonilla. I due uomini sono fuggiti nella capitale della droga, Santa Marta, dove sono protetti dagli eserciti privati dell'esercito rivoluzionario delle FARC. Entrambi gli omicidi sono stati visti con favore dai narcotrafficanti, che hanno molto da perdere se la Colombia riuscirà a sradicare il suo traffico di droga. L'ex presidente Lopez Michelson è stato pesantemente coinvolto nel traffico di cocaina prima di essere spodestato. È fuggito dal Paese in seguito a un fallito rapimento di un deputato antidroga e si è nascosto a Parigi. Suo cugino Jamie Michelson Urbane conserva una grossa somma di denaro a Miami.

Michelson è finito nei guai per aver suggerito al governo colombiano di negoziare un accordo con i trafficanti di droga.

Il banchiere del denaro della droga Urbane, un tempo presidente del Banco de Colombia, è fuggito a Miami lo stesso giorno in cui due dei suoi direttori sono stati arrestati da Betancourt in base al decreto numero 2920. L'ordine all'esercito di iniziare a spruzzare paraquat (un agente chimico che defoglia piante e arbusti) in tutti i campi dove crescono le piante di droga è stato un colpo ai baroni della droga e a coloro che traggono i maggiori profitti dal denaro della cocaina, gli oligarchi della nobiltà nera europea.

Nel dimostrare la sua intenzione di stroncare il narcotraffico, la Betancourt ha fatto più che parlare e ha affrontato una seria minaccia di assassinio. Nessuno dovrebbe credere che i signori della droga e la "nobiltà" europea prendano alla leggera gli attacchi al loro commercio.

Ricordo bene che quando i funzionari statunitensi si rivolsero alle loro controparti britanniche in occasione di un incontro top secret a Cambridge, in Inghilterra, nel 1985, chiedendo aiuto nella lotta contro il traffico di droga alle Bahamas, fu rifiutato loro qualsiasi aiuto o informazione. Questo non sorprenderà chi conosce le

Bahamas, dove l'intero governo è coinvolto nel traffico di droga gestito da alcune logge massoniche inglesi e i cui proventi vengono riciclati attraverso la Royal Bank of Canada (ricordate che il Canada è solo un avamposto della famiglia reale britannica e non un Paese come l'America).

Alcune delle principali banche statunitensi in Paesi come Panama facilitano il flusso di denaro - attualmente stimato in 550 milioni di dollari all'anno - fungendo da comodi canali per individui di alto rango in Gran Bretagna, Canada e Stati Uniti. Il generale Manuel Noriega, si ricorderà, si mise nei guai quando strappò il coperchio di una delle banche Rockefeller di Panama coinvolte nel riciclaggio di denaro sporco, credendo erroneamente di eseguire i desideri della DEA statunitense. Le banche non sono le uniche a proteggere e ospitare questo lucroso commercio. Il Fondo Monetario Internazionale (FMI) svolge un ruolo sempre più importante in questo commercio. Esistono numerose prove del fatto che il FMI protegge il traffico di droga dal 1960, ma soprattutto in relazione alle principali istituzioni britanniche e alle famiglie "nobili" che le gestiscono.

In Inghilterra è perfettamente legale fare uso di droghe, ma non il loro commercio. Ciò è in linea con le politiche del FMI che, nel caso della Colombia, ritiene che il Paese abbia il diritto di guadagnare valuta estera esportando droga dove c'è domanda. Questa posizione si basa sul fatto che il reddito generato dalla droga contribuisce a rimborsare i prestiti del FMI, il che è assolutamente falso. Il dipartimento di banche centrali del FMI lavora esclusivamente con banche offshore che ricevono ingenti depositi di denaro dal traffico di droga.

Dopo il brutale e plateale assassinio del ministro della Giustizia colombiano Rodrigo Lara Bonilla, le "connessioni" del FMI e del Club di Roma sono andate nel panico e hanno iniziato a prendere le distanze dalle "truppe" dell'M19, mentre la Betancourt ha mobilitato con rabbia tutte le riserve disponibili, definendo l'omicidio una "macchia sul nome della Colombia". Rivolgendosi direttamente al pubblico, Betancourt ha invitato tutti i cittadini ad aiutarla nella sua lotta contro i trafficanti, sostenendo che "la dignità nazionale è tenuta in ostaggio da questi trafficanti".

La Chiesa cattolica è stata invitata a unirsi alla lotta e ha accettato di sostenere il presidente, con il solo ordine dei gesuiti in disparte. Il Presidente Reagan avrebbe fatto bene a emulare le tattiche di Betancourt e credo che avrebbe ricevuto un sostegno popolare senza precedenti. Ma, purtroppo, Reagan non lo fece. È gratificante notare che, sebbene i gesuiti e gli gnostici abbiano unito le forze con i guerriglieri dell'M19 per interrompere le attività dell'organizzazione.

Nonostante gli sforzi antidroga di Betancourt, i progressi furono scarsi, nonostante la potente "mano nascosta" che sosteneva le loro tattiche di disturbo combinate. Betancourt ha concesso alla DEA il diritto di entrare in Colombia e di spruzzare paraquat sulle piante di droga. Ha anche concesso diverse richieste di estradizione per importanti trafficanti di droga colombiani che gli Stati Uniti cercano da tempo di catturare. Ma finora gli Stati Uniti non hanno ricambiato e non hanno restituito Michelson Urbane alla Colombia.

Durante la sua visita in Colombia, la senatrice Hawkins ha elogiato gli sforzi decisi del presidente colombiano per sradicare i trafficanti di droga. Ma le mie fonti mi dicono che nonostante un significativo rallentamento del flusso di cocaina verso le Americhe, evidenziato da un forte aumento del suo prezzo, ciò non significa che i signori della droga non stiano combattendo. È provato che hanno ampliato le loro operazioni in Argentina e Brasile per ottenere nuovi siti di piantagione di coca.

Alcuni funzionari colombiani, non del tutto simpatici alla Presidente Betancourt, hanno affermato di non poter entrare nei luoghi remoti della giungla dove operano i trafficanti. La domanda è: se i trafficanti di droga possono entrare, perché le forze antidroga del governo non possono fare lo stesso? È urgente affrontare questi siti di piantagione, poiché è provato che campi sperimentali di papaveri da oppio (da cui si ricava l'eroina) crescono in queste aree remote "impenetrabili", secondo John T. Cassack, del Comitato ristretto della Camera sull'abuso e il controllo degli stupefacenti.

"Los grandes mafioses" hanno fatto molta strada dal 1970, quando hanno iniziato a muovere le vendite di cocaina negli Stati Uniti. Nel 2006 hanno iniziato a utilizzare flotte di barche, aerei, elicotteri e un esercito privato pesantemente armato. Sono stati attenti ad agire come benefattori pubblici, finanziando molti progetti pubblici. L'opinione pubblica li vede come "operatori intelligenti" che approfittano di un problema prettamente americano, l'insaziabile domanda americana di cocaina e marijuana. Uno dei signori, Pablo Escobar Gavira, ha versato enormi somme di denaro per migliorare le baraccopoli, un programma amministrato dai gesuiti che hanno sempre favorito l'immensamente ricco Gavira.

Una volta Gavira ha speso 50.000 dollari per il matrimonio della figlia e si è fatto eleggere come membro del Parlamento, ottenendo così l'immunità parlamentare dall'arresto. Era ricercato da anni dalle autorità statunitensi della DEA. Ma dopo che il ministro della Giustizia Lara è stato colpito da 22 colpi di pistola mitragliatrice Uzi, il popolo colombiano ha provato un grande disgusto. Si rivoltarono contro "los grandes mafioses" e le cose cominciarono ad accadere. Anche i gesuiti presero le distanze da Gavira. Con il trasferimento della giurisdizione sui casi di droga ai militari, i molti giudici che erano soliti partecipare alle sfarzose feste organizzate dagli spacciatori sono stati privati del loro antico potere. Anche il vescovo Dario Castrillon ha cercato di negare i suoi legami con i narcotrafficanti, sostenendo che il denaro che riceveva da loro veniva utilizzato per costruire chiese. La corruzione dei giudici non è più accettabile e i tribunali militari istituiti per giudicare i casi di droga non possono essere raggiunti dai corruttori.

Anche la potente famiglia Ochoa si mise al riparo, ma anche il loro uomo, il presidente Lopez Michelson, era nei guai. Ochoa lo chiamò a Panama, dove si stava consultando con altri importanti narcotrafficanti, per avvertirlo degli arresti di massa in corso nel suo Paese. Inoltre, Gavira e i tre fratelli Ochoa, che rappresentavano circa 100 grandi trafficanti di droga, si rivolsero a Michelson per chiedere aiuto, ma questi non rispose. Tuttavia, i gangster non avevano finito. In uno sviluppo sorprendente, gli Ochoas hanno incontrato a Panama il procuratore generale colombiano Carlos Jimenez Gomez. Per qualche motivo, Gomez non ha informato le autorità statunitensi di questo incontro. Se lo avesse fatto, gli agenti della DEA statunitense avrebbero potuto effettuare numerosi arresti a Panama! L'ambasciatore statunitense, Alexander Watson, è stato informato dell'incontro da Gomez solo due mesi dopo l'evento. Ciò solleva un'altra questione. Poiché è noto che gli agenti antidroga statunitensi seguono da vicino tutti i principali narcotrafficanti colombiani, come è possibile che questi agenti non fossero a conoscenza dell'incontro a Panama? La mano nascosta, le potenti famiglie americane ed europee, i banchieri svizzeri, il FMI e il Club di Roma, i massoni della P2 e probabilmente il CFR, sembrano essere intervenuti in questa fase.

Gli Ochoas consegnarono un memo di 72 pagine al Procuratore Generale, offrendo di smantellare l'intera operazione di cocaina in Colombia in cambio del permesso di tornare in Colombia senza temere l'arresto. La nota è stata consegnata alle autorità statunitensi, che hanno risposto di non fare accordi con i criminali. Per quanto riguarda il procuratore generale Gomez, la sua scusa poco convincente per aver incontrato i signori della droga senza informare in anticipo il suo governo è stata che si trovava a Panama per altri affari (che non ha specificato) e che aveva incontrato gli Ochoas per caso. Gomez non ha spiegato perché non abbia telefonato immediatamente al Presidente Betancourt per informarlo di quanto stava accadendo. La verità è che Gomez ha agito su ordine della "mano nascosta" del cartello della droga colombiano. In Colombia, il Procuratore generale è nominato dal Congresso e non deve rispondere al Presidente. Ma molti membri del Congresso sono stati profondamente irritati dalle bizzarre azioni di Gomez e hanno chiesto le sue dimissioni, che egli ha rifiutato.

Escobar Gavira iniziò a operare dal Nicaragua sotto la protezione dei sacerdoti gesuiti del governo sandinista. Le fotografie scattate di nascosto che mostrano Gavira e i suoi uomini mentre caricano la cocaina su un aereo in quel Paese mi sono sembrate abbastanza autentiche, ma non erano datate. Era un'indicazione che il governo nicaraguense, allora dominato dai gesuiti, si era unito alla guerra della droga contro l'America? Tuttavia, la maggioranza dei membri del Congresso e del Senato si rifiutò di dare al Presidente Reagan l'autorità necessaria per rovesciare il governo sandinista.

> La domanda è perché i "nostri" rappresentanti si oppongono a qualsiasi sforzo per sbarazzarsi del governo gesuita-comunista in Nicaragua.

> Inoltre, perché molti di loro hanno votato a favore degli "aiuti esteri" e dei "prestiti" per il Nicaragua?

> Perché i senatori Concini e Richard Lugar hanno votato per dare ai comunisti sandinisti i soldi delle nostre tasse?

> Perché sostenere persone come Manuel de Escoto, che ha la reputazione non solo di aiutare i trafficanti di droga a portare i loro pericolosi carichi in America, ma anche di andare in giro per il mondo ad attaccare l'America in ogni occasione possibile?

Finché non verrà smascherato il potere della mano nascosta, il Club di Roma-CFR-Establishment orientale e i loro alleati di alto livello, l'America non potrà e non vincerà questa terribile guerra. Tutti i nostri sforzi saranno inutili. Finché il governo degli Stati Uniti non insisterà affinché Panama fermi le ingenti importazioni di quelle che io chiamo sostanze chimiche per la droga, il traffico di cocaina in Colombia non sarà sradicato.

Cosa ci fa Panama con enormi quantità di paraffina, etere e acetone? Come è noto, questi prodotti chimici non possono essere importati direttamente in Colombia. È quindi evidente che le importazioni di Panama vengono trasbordate indirettamente e illegalmente in Colombia.

Da quando è stata scritta questa sceneggiatura, nel 2003, la Colombia è stata costretta a diventare sempre più uno Stato totalmente dedito alla droga. La guerriglia si è organizzata molto meglio, grazie a tre fattori:

> ➢ L'acquisizione di Panama, che ha portato a un aumento del 65% della droga che entra nella zona del Canale di Panama.

> ➢ Facile riciclaggio di denaro da parte delle banche di Panama.

> ➢ Aumento del sostegno ai guerriglieri dell'MI9 fornito da Castro.

Di conseguenza, armi di migliore qualità stanno raggiungendo l'MI9 in quantità maggiori e le forniture di contanti stanno aumentando, contribuendo all'espansione del traffico di droga in Colombia. Pablo Escobar è stato "arrestato" in un'incursione di alto profilo nella sua casa di lusso e nel suo complesso, ma recenti rapporti di intelligence sostengono che, dopo un breve soggiorno in una prigione statunitense, sia stato portato fuori dagli Stati Uniti.

Quando ho fatto una ricerca sulle mie centinaia di quaderni stenografici su questo argomento vitale, mi sono imbattuto in alcune statistiche interessanti che avevo annotato durante il mio lavoro investigativo a Londra. Il fatto è che nel 1930 il capitale britannico investito in Sud America superava di gran lunga il totale degli investimenti nei cosiddetti "dominions". Il 30 novembre, il signor Graham, un'autorità in materia, ha dichiarato che gli investimenti britannici in Sud America "hanno superato il trilione di sterline". Era il 1930, e a quei tempi si trattava di una somma impressionante. Per quale motivo gli inglesi investirono così tanto in Sud America? La risposta è una sola parola: DROGA.

La plutocrazia che controllava le banche britanniche teneva i cordoni della borsa e, allora come oggi, si presentava con una facciata di tutto rispetto. Nessuno li ha mai beccati con le mani sporche; hanno sempre avuto uomini di paglia e lacchè pronti a prendersi la colpa. Allora come oggi, i legami sono sempre i più tenui. Nessuno è mai riuscito a individuare le rispettabili famiglie bancarie "nobili" della Gran Bretagna, né allora né oggi. Ma è molto significativo il fatto che 15 membri del Parlamento fossero i controllori di questo vasto impero in Sud America, tra cui la famiglia Chamberlain e la famiglia di Sir Charles Barry.

I signori della finanza e della rispettabilità britannica, che ancora si vantano dell'oppressione in Sudafrica, dove i neri godono delle migliori condizioni di tutta l'Africa, erano molto impegnati anche in luoghi come Trinidad e la Giamaica, dove tenevano anche le redini del traffico di droga. In questi Paesi, i plutocrati delle rispettabili famiglie dell'aristocrazia britannica hanno mantenuto i neri a un livello non molto migliore di quello della schiavitù, pagandosi al contempo lauti dividendi. Certo, si nascondevano dietro aziende rispettabili come la Trinidad Leaseholds Ltd. (una società petrolifera), ma la vera gallina dalle uova d'oro era ed è tuttora il traffico di droga.

Fino a poco tempo fa, il commercio dell'oppio in Cina non era un argomento molto conosciuto. Era stata nascosta nel modo migliore possibile. Molti dei miei studenti venivano da me e mi chiedevano perché i cinesi fossero così amanti dell'oppio. Erano perplessi per i resoconti contrastanti di ciò che era realmente accaduto in Cina. Alcuni pensavano che si trattasse semplicemente di lavoratori cinesi che acquistavano oppio in loco e lo fumavano in una fumeria d'oppio. Ho fatto del mio meglio per illuminare queste menti curiose.

La verità è che il commercio dell'oppio in Cina era un monopolio britannico soggetto alla politica ufficiale britannica. Il commercio di oppio indo-britannico in Cina è uno dei segreti meglio custoditi e dei capitoli più ignominiosi della storia del colonialismo europeo. Le statistiche mostrano che quasi il 13% delle entrate dell'India sotto il dominio britannico proveniva dalla vendita di oppio ai tossicodipendenti cinesi. I tossicodipendenti non sono apparsi dal nulla, ma sono stati creati. In altre parole, è stato prima creato un mercato per l'oppio tra i cinesi, e poi la "domanda" è stata soddisfatta dall'oligarchia britannica, i proprietari delle varie banche di Londra.

Questo lucroso commercio è uno dei peggiori esempi di

sfruttamento della miseria umana ed è una testimonianza unica degli affari sporchi condotti dalla City di Londra, che rimane ancora oggi il centro degli "affari sporchi" nel mondo finanziario. Naturalmente dubitate di questa affermazione: "Guardate il *Financial Times*", dite, "è pieno di affari legittimi". Certo che lo è, ma non penserete che i nobili aristocratici pubblicizzino la vera fonte del loro reddito sul *Financial Times*, vero?

Gli inglesi non pubblicizzarono il fatto che l'oppio veniva spedito dalle valli del Benares e del Gange in India alla Cina, dove veniva parzialmente lavorato sotto un monopolio statale, un'amministrazione che esisteva solo per supervisionare il commercio dell'oppio. Non si aspettava di leggerlo sul *London Times* di allora, vero?

Eppure questo commercio è stato condotto fin dal 1652 dall'illustre Compagnia delle Indie Orientali, nel cui consiglio di amministrazione sedevano i più importanti membri dell'aristocrazia britannica. Erano di una specie superiore al comune branco di uomini. Erano così alti e potenti che credevano che persino Dio si rivolgesse a loro per un consiglio quando aveva un problema in cielo! In seguito, la Corona britannica si unì a questa canaglia della Compagnia delle Indie Orientali e la utilizzò per produrre oppio nel Bengala e in altre zone dell'India e per controllare le esportazioni attraverso quelli che chiamò "dazi di transito", ossia una tassa imposta a tutti i produttori di oppio, regolarmente registrati presso le autorità statali, che inviavano la loro produzione in Cina. Prima del 1885, quando l'oppio era ancora "illegale" (si trattava semplicemente di un termine usato per indicare un tributo maggiore da parte dei coltivatori di oppio - non c'è mai stato alcun tentativo di fermare il commercio), quantità assolutamente colossali di oppio venivano spedite in Cina. Gli inglesi erano diventati così audaci da cercare di vendere questa sostanza mortale in pillole agli eserciti dell'Unione e della Confederazione. Riuscite a immaginare cosa sarebbe successo all'America se il piano fosse riuscito? Ogni soldato sopravvissuto a questa terribile tragedia avrebbe lasciato il campo di battaglia completamente dipendente dall'oppio.

I mercanti e i banchieri del Bengala erano ingrassati e soddisfatti delle enormi somme di denaro che affluivano nelle loro casse grazie al commercio dell'oppio del Bengala acquistato dalla British East India Company (BEIC). Pertanto, i loro profitti erano pari a quelli dell'azienda farmaceutica numero uno, Hoffman La Roche, la stessa Hoffman La Roche che produce, tra l'altro, LSD.

Hoffman La Roche invoca la legge svizzera sullo spionaggio industriale contro chiunque osi denunciare la sua avidità rapace, quindi bisogna fare attenzione quando si esprime un'opinione. In ogni caso, Hoffman La Roche produce un farmaco di uso comune, il Valium. Il costo è di circa 3,50 dollari per 2,5 libbre. Lo vendono a 20.000 dollari al chilo e quando il pubblico americano, che usa il Valium in quantità astronomiche, ne entra in possesso, il prezzo è di 50.000 dollari al chilo! Hoffman La Roche fa lo stesso con la vitamina C, di cui detiene un monopolio simile. La produzione costa circa 1 centesimo al chilo e la vendono con un profitto di circa il 10.000%.

Quando un brav'uomo di nome Adams, che lavorava per loro, rivelò queste informazioni alla Commissione Economica Europea (Commissione Monopoli CEE), fu arrestato e maltrattato dalla polizia svizzera che lo tenne in isolamento per tre mesi. È stato quindi espulso dal lavoro e dalla Svizzera, perdendo la pensione e tutto il resto. Come cittadino britannico, continuò a combattere contro Hoffman La Roche. Ricordatelo la prossima volta che vedrete questi uomini d'affari svizzeri educati e corretti. La Svizzera non è solo sci alpino e aria pulita sotto un cielo azzurro. Il suo settore bancario è stato a lungo sospettato di prosperare sul traffico di droga, sia legale che illegale, e sugli enormi profitti realizzati dagli uomini di punta del traffico di droga, quei segugi dell'inferno. L'immagine "pulita" della Svizzera inizia ad appannarsi quando si tira indietro l'angolo delle copertine. Quando era Primo Ministro, la signora Thatcher ha visitato i posti di dogana britannici all'aeroporto londinese di Heathrow. Il suo obiettivo era quello di dare ai doganieri un "discorso d'incoraggiamento" per affrontare la minaccia della droga. Che ipocrisia! Il principale giornale conservatore britannico ha deriso gli sforzi della signora Thatcher, ma non le ha dato dell'ipocrita, né ha rivelato la verità su chi fosse responsabile della minaccia.

"Oh", direte voi, "ma gli americani e gli inglesi hanno fatto dei sequestri di droga notevoli di recente". Sì, ma si tratta dello 0,0009% del valore totale dei farmaci disponibili sul mercato. Questo è ciò che i grandi spacciatori e i loro rispettabili banchieri chiamano "parte del costo degli affari". Chiunque abbia partecipato al funerale di un giovane tossicodipendente - e ce ne sono molti ogni giorno - non può non essere commosso dalle osservazioni del Primo Ministro sui problemi di droga che la Gran Bretagna deve affrontare. È probabile che nessuno si scandalizzi per la sua durezza nei confronti degli spacciatori. "Vi stiamo cercando", ha detto. "Vi perseguiremo senza sosta".

Signora Thatcher:

> "Lo sforzo sarà sempre maggiore finché non vi batteremo. La punizione sarà una lunga pena detentiva. La pena sarà la confisca di tutto ciò che avete ottenuto attraverso il contrabbando di droga. Molti britannici respingeranno anche gli appelli provenienti dall'estero per aiutare i britannici sorpresi a contrabbandare droga, come un giovane britannico condannato a morte in Malesia per aver cercato di contrabbandare eroina attraverso l'aeroporto di Penang. Non ha senso chiamarci. In tutta la Malesia si trovano manifesti che affermano che la pena per il traffico di droga è la morte. "

Va bene, ma allora dovrebbe essere applicato a tutti i vertici dell'aristocrazia inglese con la stessa forza. Quando un giovane britannico è stato giustiziato in Malesia per spaccio di droga, anche la metà delle persone presenti nel Peerage di Debretts (un elenco dell'alta borghesia delle famiglie titolate inglesi) avrebbe dovuto essere giustiziata. Chi pensava che la signora Thatcher sarebbe stata colpita dalla sua nuova posizione "dura"? Pensava forse che le grandi famiglie di Hong Kong, i Keswick e i Matheson, si sarebbero lasciate intimidire dalla sua retorica? Le sue parole possono aver avuto l'effetto di spaventare alcuni pesciolini, ma il pesce grosso e liscio è sfuggito alla sua rete e i pesciolini catturati sono stati rapidamente sostituiti da altre migliaia di pesciolini, desiderosi di prendere il loro posto.

La minaccia della droga non sarà affrontata a livello di strada. Per quanto mi riguarda, e secondo la mia opinione, basata su anni di ricerche sull'argomento, il traffico di droga, almeno in Gran Bretagna, è gestito da coloro che sono ai vertici della gerarchia britannica, che si avvalgono persino di istituzioni come il Venerabile Ordine di San Giovanni di Gerusalemme.

Già nel 1931, gli amministratori delegati delle cinque grandi aziende inglesi venivano premiati con la nomina a pari del regno. Chi sceglie le onorificenze assegnate ai massimi dirigenti dell'industria farmaceutica? In Inghilterra è la regina Elisabetta Guelfa, meglio conosciuta come capo della Casa di Windsor. Le banche coinvolte in questa attività sono troppo numerose per essere elencate, ma alcune delle principali sono Midland Bank, National and Westminster Bank, Barclays Bank e, naturalmente, Royal Bank of Canada.

Molti dei cosiddetti "banchieri d'investimento" della City di Londra sono coinvolti fino al collo nel traffico di droga, come ad esempio venerabili istituzioni finanziarie quali Hambros. Permettetemi di essere più specifico e di citare nomi illustri come la famiglia di Sir Anthony Eden.

Secondo i documenti segreti che ho visto, e secondo la mia migliore analisi di questi documenti, la famiglia Eden si sarebbe qualificata per la "lista degli onori" della signora Thatcher. Se si potessero esaminare gli archivi dell'India Office a Londra, come ho avuto la fortuna di fare, credo che diventerebbe chiaro che non c'è altra conclusione da trarre. Sono profondamente in debito con il custode delle carte del defunto professor Frederick Wells Williamson per l'aiuto e l'assistenza che mi ha fornito nello studio di questi documenti. Se questi documenti fossero resi pubblici, quale tempesta scoppierebbe sulle teste delle vipere coronate in Europa! L'ondata di eroina minaccia di sommergere il mondo occidentale. Questa vasta impresa è diretta e finanziata su entrambe le sponde dell'Atlantico - da alcuni membri dell'establishment liberale anglo-americano.

Che cos'è l'eroina?

È un derivato dell'oppio e l'oppio, secondo il famoso Galeno, è una droga che spegne i sensi e induce il sonno. È anche una delle droghe che creano maggiore dipendenza sul mercato. Il seme di papavero, da cui si ricava la pasta d'oppio, era noto da tempo ai Moghul dell'India, che usavano i semi di papavero mescolati a foglie di tè e servivano questa bevanda ai loro nemici quando non era il caso di tagliare loro la testa.

Già nel 1613, il primo oppio arrivò in Inghilterra dal Bengala attraverso la Compagnia delle Indie Orientali, ma le importazioni erano solo in piccole quantità. Era impossibile convincere la borghesia inglese a usare la droga, motivo per cui la Compagnia britannica delle Indie orientali la importò. Con questo fallimento, l'oligarchia ha iniziato a cercare un mercato che non fosse così inflessibile e la Cina è stata la sua scelta.

Nei Miscellaneous Old Records dell'India Office ho trovato la conferma che il commercio dell'oppio è decollato con l'introduzione della droga in Cina. Ciò è confermato anche dalle carte personali di Sir George Birdwood, funzionario della British East India Company (BEIC). Grandi quantità di oppio furono presto spedite in Cina. Laddove la BEIC fallì in Inghilterra, ebbe successo oltre le più rosee aspettative tra i coolies della Cina, la cui vita miserabile fu resa sopportabile dalla droga.

Solo nel 1729 il governo cinese emanò la prima di molte leggi contro l'uso dell'oppio e da quel momento l'oligarchia britannica iniziò una battaglia contro le autorità cinesi, battaglia che i cinesi persero. Le autorità statunitensi stanno conducendo una battaglia simile contro i signori della droga di oggi e, proprio come i cinesi hanno perso la loro battaglia, gli Stati Uniti stanno perdendo la battaglia in corso.

Quando parlo di oppio del Bengala in India, mi riferisco all'oppio ricavato dai baccelli dei semi del papavero da oppio coltivato nel bacino del Gange. L'oppio migliore proviene dal Bihar e dal Benares, e naturalmente c'è molto oppio di qualità inferiore proveniente da altre parti dell'India. Ultimamente, l'oppio di eccellente qualità (se la parola "eccellente" può essere applicata a un prodotto così pericoloso) sta uscendo dal Pakistan in quantità molto elevate. I profitti di questo vasto commercio sono stati conosciuti per molti anni come il "bottino dell'impero".

In un importante processo del 1791, Warren Hastings fu accusato di aver contribuito ad arricchire un amico a spese della Compagnia delle Indie Orientali. La formulazione attuale è interessante, in quanto conferma l'enorme quantità di denaro che è stata realizzata.

L'accusa era che Hastings avesse concesso "un contratto per la fornitura di oppio per quattro anni a Stephen Sullivan Esq. senza pubblicizzare il contratto, a condizioni palesemente ovvie e abusive, allo scopo di creare una fortuna immediata per il suddetto Stephen Sullivan Esq. Poiché la Compagnia delle Indie Orientali, prima semi-ufficiale e poi ufficiale, deteneva il monopolio, le uniche persone autorizzate a fare "fortuna istantanea" erano le cosiddette famiglie "nobili", "aristocratiche" e oligarchiche dell'Inghilterra. Gli estranei, come il signor Sullivan, si sono presto trovati nei guai se hanno avuto l'ardire di cercare di aiutarli a entrare nel gioco degli affari multimiliardari!

Nel 1986 ho visto una pubblicazione dalla fonte più dubbia (intendo dire che era ovviamente un prodotto del terzo dipartimento del KGB), che pretendeva di dimostrare che il traffico di droga era legato ai mitici "nazisti". L'organizzazione che ha stampato l'opera è ancora alle calcagna dei nazisti. Se un cammello dello zoo di New York prendesse il raffreddore, sarebbe colpa dei mitici "nazisti".

Cinque anni di indagini, comprese diverse conversazioni personali con l'uomo che sarebbe stato il leader e il genio organizzatore dei mitici conti bancari nazisti nelle banche svizzere, mi hanno convinto che gli autori dei documenti stampati stavano semplicemente facendo disinformazione a buon mercato. I cosiddetti "nazisti" non avevano assolutamente nulla a che fare con il traffico di droga, a differenza di inglesi e americani - un fatto ben noto alla DEA americana.

Come ho già sottolineato più volte, e ci sono ancora degli scettici, l'onorevole BEIC, con la sua lunga lista di direttori che erano onorevoli membri del Parlamento e appartenevano solo ai migliori club per gentiluomini di Londra, gestiva il lucroso commercio dell'oppio e non tollerava alcuna interferenza da parte del governo britannico o di chiunque altro. Il commercio tra la Gran Bretagna e la Cina era monopolio della BEIC. La società aveva un piccolo trucco: la maggior parte dei suoi membri, in India e nel paese, erano anche magistrati. Per atterrare in Cina erano necessari persino i passaporti rilasciati dalla società.

Quando alcuni investigatori arrivarono in Cina per indagare sulle accuse di commercio di oppio in Inghilterra, i loro passaporti britannici furono rapidamente revocati dai "magistrati" della Compagnia delle Indie Orientali. Gli attriti con il governo cinese erano comuni. Ufficialmente, la Cina aveva approvato una legge (l'editto di Yung Cheng del 1729) che proibiva l'importazione di oppio. Tuttavia, la Compagnia britannica delle Indie orientali fece in modo che l'oppio fosse ancora elencato nel tariffario cinese fino al 1753, con un dazio di tre tael per ogni razione di oppio. All'epoca, i servizi segreti speciali del monarca britannico (gli "007" dell'epoca) si assicuravano che le persone scomode venissero comprate o, se non potevano essere comprate perché avevano molti soldi, semplicemente eliminate.

Il capitalismo coloniale britannico è sempre stato il principale soggiorno dei sistemi feudali degli oligarchi inglesi, e lo è tuttora. Quando nel 1899 i contadini-guerriglieri sudafricani, poveri, privi di istruzione e militarmente male equipaggiati, caddero nelle mani sporche di droga dell'aristocrazia britannica, non avevano idea che la guerra crudele e implacabile condotta contro di loro fosse resa possibile solo dalle incredibili somme di denaro provenienti dalle "fortune istantanee" del traffico di droga britannico in Cina, che affluivano nelle tasche dei plutocrati che organizzavano la guerra. I veri istigatori della guerra furono Barney Barnato e Alfred Belt, entrambi tedeschi, e Cecil John Rhodes, agente della banca Rothschild, una banca inondata da un mare di denaro generato dal traffico di droga. Non contenti, volevano le ricchezze d'oro e di diamanti che giacevano sotto l'arido suolo del veld sudafricano. Questi tre uomini derubarono i boeri, legittimi proprietari dell'oro e dei diamanti, di una fortuna colossale, con l'aiuto, l'incoraggiamento e la protezione del Parlamento britannico.

I Joel e gli Oppenheimer, che erano le principali famiglie coinvolte nell'estrazione dell'oro e dei diamanti, sono, a mio avviso, i più grandi ladri che abbiano mai deturpato questa Terra, e non mi scuso per aver espresso un giudizio così severo.

Il sudafricano medio, che avrebbe dovuto beneficiare dei miliardi e miliardi di dollari di oro e diamanti estratti dal sottosuolo sudafricano, non ha ricevuto praticamente nulla da questa immensa fortuna. In breve, i sudafricani sono stati derubati del loro diritto di nascita, perché, a differenza del vero capitalismo, il sistema capitalistico babilonese in Sudafrica non consente la condivisione della ricchezza; essa non filtra verso coloro che l'hanno guadagnata.

È il crimine del secolo, dal punto di vista finanziario, ed è stato reso possibile dall'immensa fortuna del commercio dell'oppio, che ha permesso alla Regina Vittoria di finanziare una grande guerra di oppressione contro i boeri. È praticamente impossibile per un estraneo penetrare i segreti dell'oligarchia britannica e delle famiglie interdipendenti al suo interno. Secondo le mie stime, il 95% della popolazione britannica deve accontentarsi di meno del 20% della ricchezza nazionale del Paese, e questo è ciò che chiamano "democrazia". Non c'è quindi da stupirsi se i Padri fondatori della Repubblica americana odiavano e disprezzavano la "democrazia".

Il camuffamento che gli oligarchi hanno dipinto su se stessi come colorazione protettiva è molto difficile da penetrare. Ciononostante, essa influisce sulla vita di ogni americano, poiché ciò che la Gran Bretagna impone, l'America lo esegue.

La storia è piena di esempi di questo tipo. Basta guardare la propaganda britannica che ha trascinato l'America nella Prima Guerra Mondiale con la grande menzogna dell'affondamento del Lusitania per capire quanto sia vera la mia affermazione. Non si tratta di "gentiluomini britannici", ma di un'élite spietata, determinata a proteggere il proprio stile di vita e inestricabilmente legata al traffico di droga.

La maggior parte dei leader politici britannici di un certo rilievo sono tutti discendenti di famiglie cosiddette titolate, il cui titolo passa alla morte del titolare al figlio maggiore. Questo sistema è servito a mascherare un elemento particolarmente alieno che si è insinuato nell'alta aristocrazia. Prendiamo l'esempio dell'uomo che ha dettato la condotta della Seconda guerra mondiale, Lord Halifax, ambasciatore britannico a Washington. Suo figlio, Charles Wood, ha sposato una certa Miss Primrose, parente dell'ignobile casata dei Rothschild. Dietro a nomi come Lord Swaythling c'era il nome di Montague, associato alla Regina Elisabetta, azionista di maggioranza della Shell Oil Company. Naturalmente, non si parla della sua immensa fortuna derivante dal commercio di droga, un commercio che, come ho dimostrato, risale al 18 secolo.

Uno dei principali attori del commercio dell'oppio in Cina era Lord Palmerston, che si ostinava a credere che il commercio potesse continuare all'infinito.

In una lettera inviata da uno dei suoi uomini sul posto, un certo Elliott, afferma che una quantità sufficiente di oppio data al governo cinese avrebbe creato un monopolio. In seguito, gli inglesi avrebbero limitato le consegne, costringendo i "coolie" cinesi a pagare di più per le loro dosi. Poi, quando il governo cinese era in ginocchio, gli inglesi si offrivano di nuovo di fornirli a un prezzo più alto, mantenendo così il loro monopolio attraverso il governo cinese. Ma il piano non ebbe successo a lungo. Quando il governo cinese rispose distruggendo grandi carichi di oppio stoccati in un magazzino e ai mercanti britannici fu ordinato di firmare un accordo individuale per non importare più oppio nella città di Guangzhou, essi si vendicarono appaltando a varie società di facciata l'importazione per loro conto e non passò molto tempo prima che molte navi sulle strade per Macao contenessero carichi pieni di oppio.

Il commissario cinese Lin ha dichiarato:

"A bordo delle navi inglesi che si dirigono verso questo luogo

(Macao) c'è una grande quantità di oppio che non verrà mai rispedita nel Paese da cui proviene. Deve essere venduto qui sulla costa e non mi sorprenderà sapere che viene contrabbandato sotto i colori americani. "

Ma passiamo alla storia più recente di questo famigerato commercio, che si è allargato fino a comprendere grandi quantità di cocaina e droghe prodotte legalmente con enormi profitti, come il Valium e altri cosiddetti "farmaci da prescrizione". Le famiglie oligarchiche britanniche spostarono la loro sede da Guangzhou a Hong Kong, ma rimasero nello stesso business. Sono ancora presenti nel 2009, come dimostra l'elenco dei nomi di spicco della colonia.

Come ho detto nei libri precedenti, un'industria secondaria derivante dal commercio dell'oppio ha reso Hong Kong il più importante centro di commercio dell'oro del mondo. L'oro viene utilizzato per pagare i contadini che producono l'oppio grezzo; del resto, cosa se ne farebbe un contadino cinese di una banconota da 100 dollari? L'oppio rappresenta il 64% del prodotto nazionale lordo cinese, il che dà un'idea dell'entità di questo commercio "fuori bilancio". Ufficiosamente, si stima che sia pari al prodotto nazionale lordo (PNL) combinato di cinque delle nazioni più piccole d'Europa, ovvero Belgio, Paesi Bassi, Repubblica Ceca, Grecia e Romania.

Il Triangolo d'Oro è forse il principale fornitore di oppio grezzo al di fuori dell'Afghanistan, sebbene la sua posizione sia contesa da Pakistan, India, Libano e Iran. Qual è il ruolo delle banche in questo lucroso commercio? Si tratta di una storia molto lunga e complicata, che dovrà attendere un altro libro. Un metodo è quello indiretto, in cui le banche finanziano le società di facciata che importano i prodotti chimici necessari per trasformare l'oppio grezzo in eroina.

La Hong Kong and Shanghai Bank, che ha una grande filiale a Londra, è al centro della questione. Una società chiamata Tejapaibul svolge attività bancarie con la Hong Kong and Shanghai Bank, affettuosamente nota come "Hongshang Bank". Di cosa si occupa questa azienda? Importa enormi quantità di anidride acetica, la sostanza chimica chiave del processo di raffinazione. Questa azienda è il principale fornitore di anidride acetica del Triangolo d'Oro. Il finanziamento di questo commercio è gestito da una filiale della Hong Shang Bank, la Bangkok Metropolitan Bank. Pertanto, le attività secondarie legate al commercio dell'oppio nel Triangolo d'Oro, pur non essendo importanti come il commercio dell'oppio stesso, forniscono comunque un reddito molto consistente a queste banche.

Sono stato criticato per aver collegato il prezzo dell'oro agli alti e bassi del commercio dell'oppio. Guardiamo cosa è successo nel 1977, un anno critico per l'oro. La Bank of China ha scioccato gli amanti dell'oro e gli astuti previsori che si trovano in gran numero in America, rilasciando improvvisamente e senza preavviso 80 tonnellate d'oro sul mercato.

Gli esperti non sapevano che la Cina acquistava e conservava oro da molto tempo. Questo ha fatto scendere il prezzo dell'oro. Gli esperti poterono solo dire che non sapevano che la Repubblica Popolare Cinese avesse così tanto oro! Da dove viene l'oro? Proviene dal commercio dell'oppio, dove veniva usato come "moneta" a Hong Kong, ma i nostri geni delle previsioni del prezzo dell'oro non potevano saperlo!

Gli inglesi non sono gli unici a operare nel Triangolo d'Oro. I grandi acquirenti (o i loro rappresentanti) si recano regolarmente a Hong Kong da tutto l'Occidente per effettuare acquisti. L'eroina viene spedita alla rinfusa dal porto di Hong Kong, destinata a raggiungere l'Occidente e a essere distribuita durante i concerti "rock" autoproclamati. La Cina rossa è felice di collaborare con entrambe le parti in un'impresa così redditizia. Per inciso, la politica della Cina nei confronti della Gran Bretagna, in relazione al traffico di droga, non è praticamente cambiata rispetto a quella del 19 secolo. L'economia cinese, legata a quella di Hong Kong, avrebbe subito un duro colpo se non si fosse trovato un accordo.

Una delle prove è il prestito accettato dalla Cina dalla Standard and Chartered Bank. Da allora, la famiglia Matheson ha investito

300 milioni di dollari in un nuovo progetto immobiliare sviluppato congiuntamente dalla Repubblica Popolare Cinese e da Matheson Banks. Ovunque si guardi nel moderno centro di Hong Kong, si vedono nuovi grattacieli, a testimonianza degli stretti legami tra le grandi banche, il commercio dell'oppio e la Cina rossa.

Vorrei citare ciò che l'ambasciatore venezuelano ha detto qualche tempo fa alle Nazioni Unite, e credo che sia una dichiarazione molto ben ponderata:

"Il problema della droga ha già smesso di essere trattato come un semplice problema di salute pubblica o un problema sociale. È un problema serio e di vasta portata che riguarda la nostra sovranità nazionale; un problema di sicurezza nazionale, poiché mina l'indipendenza della nazione. "

La droga, in tutte le sue manifestazioni di produzione, commercializzazione e consumo, denazionalizza e denaturalizza il mondo intero, ferendo la nostra vita etica, religiosa e politica, i nostri valori storici, economici e repubblicani. Questo è esattamente il modo in cui operano il FMI e la Banca dei Regolamenti Internazionali (BRI). Dico senza esitazione che queste banche non sono altro che camere di compensazione per il traffico di droga.

La BRI aiuta i paesi che il FMI vuole affondare creando strutture che consentono un facile flusso di capitali fuggitivi. La BRI non distingue inoltre tra "capitali in fuga" e denaro riciclato dalla droga. Anche se fosse in grado di distinguere la differenza, la BRI non lo dice mai, come dimostra la sua relazione annuale del 2005. Tornando alla dichiarazione dell'ambasciatore venezuelano, vediamo che la BRI sta seriamente denazionalizzando molti Paesi, interferendo nella loro vita sociale, religiosa, economica e politica, attraverso le sue richieste tramite il FMI. E se un paese (compresi gli Stati Uniti) si rifiuta di piegare il ginocchio, la BRI sta in effetti dicendo: "Bene, allora vi ricatteremo con dollari narcotici che deteniamo per voi in quantità molto elevate". Ora è facile capire perché l'oro è stato demonetizzato e sostituito da "dollari" di carta come valuta di riserva mondiale. Non è così facile ricattare una nazione che detiene riserve d'oro come lo è ricattare una nazione che detiene "dollari" di carta senza valore.

Il mini-summit della Conferenza Monetaria Internazionale di Hong Kong, a cui ha partecipato un insider che è una mia fonte, ha affrontato proprio questo tema e, da quanto mi è stato detto, il FMI è abbastanza sicuro di poter fare proprio questo: ricattare con "dollari drogati" le nazioni che non vogliono seguire le sue condizioni.

Rainer E. Gut del Credit Suisse ha dichiarato di prevedere una situazione in cui il credito nazionale e la finanza nazionale saranno presto riuniti in un'unica organizzazione. Anche se non lo ha specificato, è chiaro che Gut stava parlando della BRI come parte di un unico governo mondiale. Non voglio che nessuno abbia dubbi al riguardo.

Dalla Colombia a Miami, da Palermo a New York, dal Triangolo d'Oro a Hong Kong, la droga è un grande affare. Non è un mestiere da spacciatore all'angolo della strada. Sapete bene quanto me che ci vogliono molti soldi e competenze per organizzare con successo il più grande commercio del mondo.

Questi talenti non si trovano nelle metropolitane e agli angoli delle strade di New York, anche se gli spacciatori e i venditori ambulanti sono parte integrante e importante del sistema, anche se sono solo piccoli venditori, facilmente sostituibili. Se alcuni vengono arrestati o uccisi, cosa importa? Ci sono molti sostituti. No, non si tratta di una piccola organizzazione, ma di un vasto impero, questo sporco business della droga. E, per forza di cose, è gestito dall'alto verso il basso, dalle persone più anziane di ogni Paese che tocca.

Se non fosse così, come il terrorismo internazionale, sarebbe stato eliminato da tempo - il fatto che non solo sia ancora in funzione, ma che stia crescendo, dovrebbe indicare a qualsiasi uomo ragionevole che questa attività ha le sue basi ai livelli più alti.

I principali Paesi coinvolti in questo commercio, il più grande del mondo, sono l'URSS, la Bulgaria, la Turchia, il Libano, gli Stati Uniti e la Francia, la Sicilia, l'Asia sud-occidentale, l'India, il Pakistan, l'Afghanistan e l'America Latina, ma non in ordine di importanza. Dal punto di vista dei consumatori, i mercati principali sono gli Stati Uniti, l'Europa e, più recentemente, il Regno Unito.

Come ho già detto, non si vendono droghe in URSS, nei paesi della cortina di ferro o in Malesia. Molti Paesi produttori, come la Turchia, prevedono pene molto severe per i consumatori di droga e i piccoli spacciatori. Alcuni Paesi applicano addirittura la pena di morte - solo per i pesci piccoli, per mostrare al mondo quanto sono "anti-droga".

L'impero della droga si divide in due "prodotti": l'eroina tradizionale e l'arrivo relativamente recente della cocaina. Esiste una terza categoria di droghe prodotte da aziende "legali" come la famigerata Hoffman La Roche, che produce sostanze letali come LSD, Quaaludes e anfetamine; gli "stimolanti e depressivi" di quello che la gente di strada chiama "il paradiso dei popper". Questo impero è un'attività libera? La risposta sembra essere un "sì" qualificato. Ci sono delle eccezioni. Kintex, la famosa azienda farmaceutica bulgara, è senza dubbio un'azienda statale bulgara. La maggior parte delle banche che trattano denaro sporco (e sanno che si tratta di denaro sporco) sono note banche multinazionali che operano attraverso una rete di filiali.

Kintex, ad esempio, dispone di propri magazzini, flotte di autocarri, compresi i veicoli coperti dal trattato internazionale del mercato comune (C.M.T.), e una sofisticata rete di corrieri, compresi piloti ed equipaggi di compagnie aeree.

Per coloro che non hanno familiarità con l'UNECE, vorrei spiegare che i veicoli TIR sono camion del Triangolo stradale internazionale, chiaramente contrassegnati come tali; si suppone che trasportino solo merci deperibili. Si suppone che vengano ispezionati nel Paese di partenza dal personale doganale di quel Paese e sigillati con un sigillo speciale.

In base agli obblighi dei trattati internazionali dei Paesi membri, questi camion non dovrebbero essere fermati alle frontiere e passare sempre senza ispezioni. Si tratta di prendere in parola bulgari e turchi e sperare che i camion TIR non contengano eroina, cocaina o oppio grezzo, hashish o anfetamine. Il problema è che, in molti casi, i camion TIR contengono grandi quantità di droga.

Dopo tutto, è risaputo che i signori della droga non rispettano i trattati internazionali e che, in ogni caso, possono sempre chiedere ai loro tirapiedi pagati in altri Paesi di sostituire i documenti che nascondono il fatto che il camion TIR proveniva da Sofia, in Bulgaria.

L'unico modo per fermare l'arrivo di queste enormi quantità di eroina e hashish dall'Estremo Oriente è porre fine al sistema dei TIR. Ma è proprio questo il suo scopo! Dimenticate i beni deperibili e la facilitazione degli scambi. Per il mondo è tutto fumo e niente arrosto. In troppi casi TIR è sinonimo di droga. Ricordatelo la prossima volta che leggerete che una grande quantità di eroina è stata trovata in una valigia a doppio fondo all'aeroporto Kennedy e che uno sfortunato "corriere" è stato arrestato. Per i media, si tratta di una "birra piccola".

Altre regioni in cui il papavero viene coltivato sono la Turchia, il Pakistan e l'Iran. Ma come accade da oltre trecento anni, la roba "migliore" proviene dall'India-Pakistan e dalla Thailandia. In queste regioni remote di alte montagne e valli, le tribù delle colline coltivano la pianta e raccolgono la densa linfa dal baccello dopo averlo tagliato con una lama di rasoio.

La maggior parte di queste risorse è nelle mani delle tribù selvagge thailandesi, mentre in India sono le tribù Baloch a coltivare e raccogliere il raccolto d'oro commerciale. Lo chiamano "Triangolo d'oro" perché le tribù insistono per essere pagate in oro. Per agevolarli, il Credit Suisse ha iniziato a vendere lingotti d'oro puro da un chilogrammo (noti nel commercio come quattro noni), poiché questi piccoli lingotti sono facili da trasportare e commerciare. La maggior parte di quest'oro passa per Hong Kong, che scambia più oro di New York e Zurigo messe insieme al culmine della "Dope Season", come la chiamano i commercianti d'oro di Hong Kong. Si stima che questa regione da sola produca circa 175 tonnellate di eroina pura in un anno buono. L'eroina viene poi convogliata alla mafia siciliana e al lato francese del business, per essere raffinata nei laboratori che infestano la costa francese da Marsiglia a Monte Carlo (compresa la famiglia Grimaldi - anche se non sto dicendo che ci sia un laboratorio nel loro palazzo!)

La rotta seguita è quella dell'Iran e della Turchia, oltre che del Libano. Il commercio pakistano avviene attraverso la costa di Maccra. In Iran, il "movimento" è portato avanti dai curdi, come avviene da secoli. Una delle principali aree di transito è naturalmente la Turchia, ma di recente Beirut è diventata estremamente importante, da cui la guerra, mentre ogni barone locale cerca di ritagliarsi un feudo, le banche svizzere e libanesi sono lì per aiutare a gestire il lato finanziario delle cose. In Turchia ci sono ora raffinerie molto grandi, uno sviluppo piuttosto recente. Allo stesso modo, in Pakistan, nuovi laboratori, operanti come "laboratori militari di difesa", stanno raffinando l'oppio grezzo, rendendolo più facile da trasportare a valle.

Potrebbe essere questo il motivo per cui gli Stati Uniti sostengono il Pakistan e non l'India; perché alcune banche hanno grandi investimenti in Pakistan, e non in polvere di curry o tappeti! Ma la raffinazione finale, più elaborata, viene ancora effettuata nei laboratori in Turchia e sulla costa francese.

Fermatevi e riflettete su quanto ho scritto. È possibile che con tutte le tecniche, i metodi e le attrezzature sofisticate a nostra disposizione, le forze dell'ordine non riescano a scoprire e distruggere queste fabbriche di eroina? Se questo è vero, allora i nostri servizi segreti occidentali hanno bisogno di cure geriatriche, no, devono essere morti da tempo e abbiamo dimenticato di seppellirli!

Anche un bambino potrebbe dire alle nostre agenzie antidroga cosa fare. Sarebbe molto semplice controllare tutte le fabbriche che producono anidride acetica, il componente chimico essenziale per la raffinazione dell'eroina. È così semplice da far ridere e mi ricorda l'"Ispettore Clouseau" della serie di cartoni animati e film della "Pantera Rosa". Penso che anche il povero vecchio Clouseau sarebbe in grado di trovare i laboratori seguendo il percorso e la destinazione dell'anidride acetica. I governi dovrebbero approvare leggi che impongano ai produttori di tenere un registro speciale dei destinatari dei prodotti venduti. Ma non trattenete il fiato su questo punto; ricordate che il commercio di droga è sinonimo di grandi affari controllati dall'oligarchia europea, inglese e dalle vecchie famiglie "nobili" americane. Ora, non arrabbiatevi e non ditemi: "No, non è vero".

Naturalmente, le famiglie nobili della Gran Bretagna e dell'America non hanno intenzione di pubblicizzare i loro prodotti nelle vetrine dei negozi, e in un'attività così sporca c'è bisogno di persone sporche per gestirla, da cui la mafia. I nobili non si sono mai sporcati le mani durante il commercio dell'oppio in Cina, e da allora sono diventati molto più intelligenti. Se per caso uno di loro venisse arrestato, non se ne saprebbe più nulla e verrebbe rapidamente rilasciato.

Il traffico di droga è gestito da un'organizzazione libera? Ancora una volta, un sì qualificato, ma ricordate che l'America e l'Inghilterra sono gestite da 300 famiglie e sono tutte interfacciate e intrecciate attraverso società, banche e matrimoni, per non parlare dei loro legami con la nobiltà nera. Anche se si tratta di un'entità libera, non cercate di penetrarla.

Se fate domande nel quartiere sbagliato, correte il rischio che vi accadano cose molto strane, almeno se siete ancora intatti. In spedizioni uguali e regolari, le "merci" scendono dalla Turchia e arrivano in Bulgaria. Lì vengono reimballati in camion TIR e spediti a Trieste sulla costa adriatica o sulla costa francese. Ancora una volta, perché non monitorare tutti i camion TIR in queste due aree e metterli sotto sorveglianza 24 ore su 24? Esistono anche rotte marittime e aeree, entrambe ben protette dalle "autorità superiori".

Come ho detto, un corriere viene catturato, a volte anche un grosso carico viene arrestato, ma non tanto l'eroina (perché è più preziosa); sono soprattutto la cocaina e la marijuana che vengono consumate come parte del costo degli affari. Per quanto possa sembrare strano, le "dritte" spesso provengono dagli stessi spacciatori quando si tratta di piccole quantità. In Sud America la lotta è contro la cocaina. La "fabbricazione" della cocaina è relativamente semplice ed economica, con il prodotto di base facilmente disponibile a basso costo. Si possono fare grandi fortune se si è disposti a correre il rischio, non tanto di coinvolgere le forze dell'ordine, quanto di cadere nelle reti dei re della cocaina.

Gli intrusi non sono i benvenuti e di solito finiscono per essere vittime delle "faide familiari" che scoppiano continuamente. I principali Paesi produttori di cocaina sono Colombia, Bolivia e Perù, con alcuni tentativi di introdurre il cespuglio di coca in Brasile. In Colombia, la mafia della droga è una famiglia di gangster affiatata e ben nota alle autorità.

Il problema è fare qualcosa per risolverli. Godendo della protezione delle più alte autorità inglesi e americane, i baroni della cocaina disprezzano apertamente gli sforzi di sinceri combattenti antidroga come il presidente colombiano Betancourt.

Betancourt ha fatto quanto le sue limitate risorse le consentivano, ma non è stato sufficiente. La piaga dei trafficanti e dei produttori di cocaina continua a dominare la vita nazionale colombiana. Sembra che non ci sia modo di sradicarla. Betancourt ha combattuto un'enorme battaglia per sopravvivere. I signori della droga, da parte loro, hanno ricevuto tutto l'aiuto possibile dal FMI e la questione non era più se Betancourt sarebbe sopravvissuto, ma solo quanto a lungo sarebbe riuscito a mantenere il potere. L'altro principale fornitore di cocaina agli Stati Uniti è la Bolivia e per un breve periodo il presidente Siles Zuazo ha cercato di arginare la marea di cocaina che arriva in America, ma i suoi sforzi sono falliti. Anche in questo caso, è stato osteggiato dal FMI e dalla Banca dei Regolamenti Internazionali (BRI) ad ogni passo. Ogni suo piano economico è stato dichiarato "inaccettabile" dal FMI. Vengono fomentate agitazioni sindacali; scioperi e "manifestazioni" ostacolano la sua amministrazione. Le teste coronate delle vipere europee orchestrano questa campagna anti-Silas. Silas non ha il sostegno dell'esercito boliviano; troppi ufficiali di alto rango erano stati ben pagati dai baroni della cocaina prima che Silas salisse al potere. Gli mancavano i "vantaggi" che il lavoro comportava. Non hanno gradito l'austerità imposta dal FMI. Le cose andarono male il 14 luglio 1985, quando Silas fu estromesso dalle elezioni nazionali.

L'ex leader del Paese dal 1971 al 1978, Hugo Banzer Suarez, ha ottenuto una grande vittoria. Questo non era inaspettato, dato che Suarez ha ricevuto un forte sostegno dai banchieri di Wall Street e dagli amici di Henry Kissinger, e naturalmente ha ricevuto un voto di fiducia dalla classe dirigente boliviana.

In quanto ex dittatore e amico dei mafiosi boliviani, Suarez avrebbe dovuto espandere il commercio di cocaina. Come "ricompensa" per gli aiuti ricevuti dal FMI, Suarez doveva attuare le brutali condizioni imposte alla Bolivia dal FMI, e così abbiamo visto molti boliviani morire di fame e di inedia nei mesi successivi. Tutto ciò è ovviamente in linea con il rapporto Global 2000. Allo stesso tempo, un vero e proprio fiume di cocaina cominciò a riversarsi negli Stati Uniti.

Il FMI, agendo per conto della gerarchia del narcotraffico in Inghilterra e negli Stati Uniti, è riuscito a far precipitare la Bolivia nel caos. Di fatto, il Paese era ingovernabile durante il periodo in cui si sono tenute le elezioni. Questo è ciò che intendeva l'ambasciatore venezuelano quando ha detto che "il traffico di droga mina la sovranità nazionale, la politica e l'economia". Non riesco a pensare a un esempio più chiaro della Bolivia. Con la vittoria di Banzer, la fata madrina del FMI ha improvvisamente annunciato che avrebbe sostenuto la Bolivia nei negoziati con i creditori stranieri. Le industrie principali della Bolivia sono l'industria mineraria e l'agricoltura. Entrambi i settori si trovavano in uno stato di bancarotta, deliberatamente creato dal FMI per estromettere Siles e punirlo per la sua posizione contro il traffico di cocaina. Il successo dell'FMI è fin troppo evidente. Anche il Perù, altro grande produttore di cocaina, è stato attaccato dal FMI per la posizione anti-cocaina del suo nuovo leader. Il 2 agosto 1985 il governo ha annunciato un giro di vite sui trafficanti di valuta illegale, con oltre duecento arresti, la riduzione dei tassi di interesse e l'aumento del salario minimo del cinquanta per cento.

Ciò era assolutamente contrario ai requisiti e alle condizioni del FMI, che richiedeva severe misure di austerità. Il FMI è intervenuto rapidamente.

Il movimento guerrigliero, che era stato praticamente schiacciato, iniziò improvvisamente a prendere nuova energia e, sotto la guida del suo leader Abinal Guzman, si scatenò uccidendo centinaia di contadini. Gli attentati hanno scosso Lima.

L'economia era paralizzata. Disgustata dal caos, la nazione chiese un leader forte. Lo ha trovato in Alberto Fujimori, cittadino peruviano di origine giapponese. Fujimori era un uomo di grande onore e integrità, che sembrava essere la migliore speranza di liberare il Perù dalla piaga del traffico di droga. Eletto con una valanga di voti, Fujimori ha dovuto affrontare l'arduo compito di combattere il FMI e la BRI sul fronte economico, oltre a gruppi di pressione ben finanziati e ben organizzati.

Gli Stati Uniti e la Gran Bretagna hanno sostenuto Guzman e il suo esercito di guerriglieri.

Capitolo 2

Il ruolo dell'Afghanistan nel commercio internazionale di oppio/eroina

L'Afghanistan è tornato alla ribalta delle cronache per il semplice motivo che è una delle principali fonti di oppio grezzo, come lo è stato fin dai tempi della Compagnia britannica delle Indie orientali (BEIC), gli antenati del Comitato dei 300. Esaminerò anche il ruolo del Pakistan nella coltivazione del papavero da oppio e spiegherò perché gli Stati Uniti hanno chiuso un occhio in almeno tre occasioni in cui il governo eletto del Pakistan è stato rovesciato e sostituito da un regime militare, mentre Cile e Argentina sono stati sottoposti a "misure speciali" per lo stesso "crimine".

L'Afghanistan è un antico Paese musulmano situato a nord delle montagne dell'Hindu Kush. Alcuni degli antichi strumenti rinvenuti nella Valle di Haibak sono stati datati al carbonio, dimostrando che hanno almeno mille anni. Ciò che attirava gli occidentali nel Paese era il clima e il terreno ideale per la coltivazione del papavero, che produce oppio. Il Paese è stato governato dalla dinastia Barakzai dal 1747 al 1929 ed era noto per i prolungati conflitti tra i membri della dinastia e i leader tribali.

Prima del 18 secolo, il Paese era sotto il dominio persiano e in parte sotto quello indiano. La famiglia Barakzai ha governato il commercio dell'oppio per almeno 150 anni e, come sappiamo, quando le forze armate statunitensi hanno rovesciato i Talebani, hanno messo un membro del clan, Hamid Barakzai, a capo dell'Afghanistan e il Paese è attualmente sotto il suo controllo.

Nel 1706, Kandahar dichiarò la propria indipendenza e nel 1709 Mir Vais, un leader ghilzain e musulmano sunnita, sconfisse le armate persiane inviate contro di lui a Kandaha, mantenendo il commercio dell'oppio nelle mani degli inglesi.

Nel 1715, Mir Abdullah succedette a Mir Vais, ma fu sorpreso mentre cercava di fare pace con i Persiani e fu rovesciato nel 1717. Seguì un periodo di intensa rivalità, seguito da un'invasione afghana della Persia.

Nel 1763, Zaman Shah, figlio di Timur, salì al potere, ma invece dell'unità, fu segnato da rivalità tribali e battaglie feroci, senza sosta. Suo padre, un sovrano timido, non riuscì a impedire che l'India si appropriasse di alcuni dei suoi territori, tra cui il Punjab, perso a favore dei Sikh nelle battaglie del 1793-1799.

Nel 1799, emissari del BEIC iniziarono ad arrivare a Kandahar per incontrare il sovrano, Shah Shuja. Nel 1809, prima della morte di Shah Shuja, il BEIC concluse un accordo con lui per aiutarlo a respingere gli "stranieri", soprattutto dalla Persia e dall'India. Nel 1818, Mahmud Shah prese il controllo del Paese e si impegnò a rafforzare le relazioni con la BEIC, allora responsabile dell'"espansione agricola" sotto forma di vasti campi di papavero. Intuendo che li attendeva una ricca ricompensa, i persiani invasero il Paese nel 1816, ma furono scacciati da Path All Kahn, un soldato e confidente del BEIC.

Nel 1818, le tribù si ribellarono alla coltivazione del papavero e ai proventi della vendita dell'oppio grezzo alla BEIC. Di conseguenza, l'Afghanistan è stato diviso in enclavi tribali, Kabul, Kandahar e Ghazni, ecc. Fu durante questo periodo di divisione che l'India rubò il Kashmir all'Afghanistan, poiché voleva una fetta della redditizia torta dell'oppio. Nel 1819, dopo una serie di guerre tribali, Dost Mohammed si impadronì di Kabul e divenne il sovrano di Ghazni e Kandahar. Vedendo la possibilità di trarre profitto dal commercio dell'oppio, che era fiorente sotto il regime del BEIC, la Persia attaccò Herat nel 1837 e scoppiò un conflitto tribale che durò fino al luglio 1838. Il commercio dell'oppio, saldamente in mano britannica, fu la causa di questo conflitto. Sempre alla ricerca di soluzioni, il governo britannico raggiunse un accordo con Ranjit Singh e Shah Suju che, sotto gli auspici del BEIC, avrebbe ripristinato il trono di Shah Shuja, unificando così le tribù e bloccando di fatto la Persia. Ma all'insaputa degli inglesi, Dost Mohamed si arricchì con il commercio dell'oppio, stringendo accordi al di fuori della BEIC.

Nel 1839, le truppe britanniche di stanza in India entrarono in Afghanistan nella Prima guerra afghana. Deposero Dost Mohammed e lo bandirono in India. Le sue proprietà furono confiscate dal BEIC e le truppe britanniche presero il controllo delle principali città, ma presto si accorsero di avere a che fare con una forza inafferrabile di tribù di entrambe le alleanze.

Durante questo periodo, nulla ostava alla coltivazione del papavero e grandi quantità di oppio grezzo venivano spedite fuori dall'Afghanistan, di solito attraverso quello che sarebbe diventato il Pakistan. In questo periodo, poiché l'azienda sapeva come controllare le tribù locali e garantire la protezione dei suoi lucrosi investimenti, ottenne enormi profitti. Alla Camera dei Comuni di Londra sono state sollevate domande sul perché le truppe britanniche siano state dispiegate in un Paese desolato come l'Afghanistan, quando non c'erano ragioni significative per la loro presenza. I poveri parlamentari non sapevano quanto la BEIC guadagnasse ogni anno. Mentre gli inglesi pubblicizzavano la loro lotta contro i "signori della guerra" cinesi (in realtà agenti doganali del governo cinese), mantenevano segreta la loro guerra in Afghanistan.

Quando le tribù di Dost Mohammed iniziarono la guerra contro gli inglesi, i giornali britannici la spacciarono per una "scaramuccia tribale", se mai ne parlarono. Una forza britannica diretta a Kandahar fu attaccata dalle forze di Dost Mohammed, che furono respinte, il loro capo fu fatto prigioniero ed esiliato in India.

Nel 1842, Sir Alexander Burns rimise sul trono Shah Shuja. Londra pensava che questa azione avrebbe placato le tribù, ma invece portò a grandi disordini, culminati nell'assassinio di Sir Alexander e di un inviato britannico di nome Sir William

McNaughton. Questo fu il segnale di una rivolta generale contro il dominio britannico e Lord Auckland inviò una forza britannica di 16.000 soldati inglesi e sepoy a occupare Kabul. Ma la rivolta fu così forte che le forze britanniche dovettero ritirarsi da Kabul a Kandahar. Ma sulla via del ritorno, le forze britanniche caddero in un'imboscata tesa da 3.000 tribali che inflissero loro molte perdite. Anche Shah Shuja, che i tribali consideravano un fantoccio degli inglesi, fu ucciso.

Gli afghani presero quindi il controllo dei campi di papavero da oppio e vari signori della guerra iniziarono ad affermare il controllo sulle rotte dell'oppio fuori dal Paese. Peggio ancora, cominciarono a chiedere tributi alle carovane della BEIC che attraversavano l'India.

Le carovane di animali da soma cariche di oppio grezzo venivano attaccate quando non veniva pagato il tributo, l'oppio veniva rubato e molti venivano uccisi dai signori della guerra. Fu durante questi episodi che Rudyard Kipling scrisse i suoi racconti di coraggio sulle forze britanniche a guardia della strada del Khyber Pass. Il cittadino britannico comune era entusiasta di queste storie di coraggio. Non avevano idea che i soldati britannici venissero sacrificati in nome di un'impresa privata multimiliardaria, che non aveva nulla a che fare con "Dio, la Regina e la Patria".

Durante questo periodo, i signori della guerra erano liberamente affiliati sotto la guida di Akbar Kahn, figlio di Dost Mohammed.

Nel 1842, una forza dell'esercito britannico al comando di Sir George Pollock arrivò dall'India e riconquistò Kabul. Centinaia di tribù sospettate di essere coinvolte nell'attacco che è costato molto all'esercito britannico vengono giustiziate sommariamente. Dorst Mohammed viene rimesso sul trono da Sir George. Si impegnò immediatamente a sconfiggere le fazioni tribali dell'oppio e a punire coloro che si erano impossessati dei campi di papavero della BEIC.

Grazie al suo "nobile" lavoro, il 30 marzo 1855 il governo britannico firmò il Trattato di Peshawar con Mohammed, permettendogli di controllare Kandahar e Kabul, ma non gli importanti campi di papavero da oppio di Casco a Herat, che i persiani avevano confiscato al BEIC. Nonostante ciò, il commercio dell'oppio grezzo prodotto dalla BEIC in Afghanistan iniziò a rivaleggiare con quello della Valle del Gange e di Benares.

La Gran Bretagna dichiarò quindi guerra alla Persia. All'innocente pubblico britannico fu detto che la guerra era dovuta al fatto che la Persia stava cercando di conquistare il territorio coloniale britannico. Nel 1857, i persiani furono sconfitti e optarono per la pace attraverso un trattato firmato a Parigi, in cui riconoscevano l'"indipendenza" dell'Afghanistan e rinunciavano a tutte le rivendicazioni sul territorio. Il fantoccio britannico Dost Mohammed fu inviato a prendere il controllo di Herat, ma le rivalità tribali mantennero l'area in subbuglio per i cinque anni successivi; Dost riuscì a portarla sotto la giurisdizione britannica solo nel 1863. Se gli inglesi hanno imparato qualcosa sull'Afghanistan, è stato questo: Non pretendete mai di controllare un'area finché tutte le fazioni non sono d'accordo tra loro, il che può richiedere un'eternità. Herat è un buon esempio. Ci sono voluti dieci mesi di assedio per allentare la presa di una delle tribù della zona. Proprio quando si pensava di aver "pacificato" tutto, Dost morì nel 1870 e quasi subito Herat precipitò in una guerra civile quando il fratello di Dost, Sher Ali, cercò di far valere il suo diritto alla successione. Non riuscendo a mettere d'accordo le tribù, Ali chiese aiuto alla Russia, avendo perso ogni fiducia nei confronti degli inglesi, e nel giugno 1878 una missione russa guidata dal generale Stolietov arrivò a Kabul. Il BEIC ha immediatamente lanciato l'allarme e ancora una volta le parti sono entrate in guerra perché Sher All si è rifiutato di accettare la controfferta della missione britannica. La guerra durò un anno (1878-1879) durante il quale Sher Ali fu ucciso. Profondamente allarmate dal fatto che i russi potessero porre fine al loro lucroso commercio di oppio con l'Afghanistan, le forze britanniche invasero l'intera regione sotto la guida del loro fantoccio Yakub, figlio di Sher Ali. Le forze britanniche si dispersero e presidiarono l'intero Paese. In quel periodo fu firmato un trattato in base al quale gli inglesi avrebbero pagato una "tassa di protezione" di 75.000 dollari all'anno per garantire il passaggio sicuro delle carovane dell'oppio attraverso il Khyber Pass, dove le truppe britanniche erano stanziate per far rispettare l'accordo.

Naturalmente, i racconti di Rudyard Kipling non dicevano nulla sul motivo per cui i convogli erano sorvegliati dalle truppe di Sua Maestà, e senza dubbio si sarebbe scatenato l'inferno se fosse stata rivelata la vera missione delle truppe.

Rallegrandosi di quello che ritenevano un completo successo della loro missione a Kabul, le forze britanniche cominciarono ad allentare la vigilanza, poiché non ci furono più incursioni nei campi di papavero o attacchi ai convogli che passavano per il Khyber Pass. Ma un brusco risveglio per Londra era in agguato sullo sfondo. Il 3 settembre 1879, Sir Luigi Cavagnari (discendente dell'antica nobiltà nera di Venezia) fu assassinato con la sua scorta e il Paese sprofondò in una nuova guerra. Yakub, accusato di cospirare con le tribù ribelli alle spalle degli inglesi, fu deposto il 19 ottobre 1879.

Nel 1880, mentre gli inglesi si preparavano a entrare in guerra con le repubbliche boere del Sudafrica per privare quel Paese delle sue vaste risorse aurifere, entrò in scena un nuovo sovrano afghano, Abd-Ar-Rahman, nipote di Ali Sher Ali. Gli inglesi erano soddisfatti di questo nuovo uomo, che riuscì a mantenere la pace e a imporre la sua autorità sulle fazioni tribali sempre in lotta tra loro.

Durante questo periodo di relativa stabilità, una grande quantità di oppio grezzo di alta qualità lasciò il Paese e finì nei magazzini della BEIC. Si ritiene che in questo periodo (1880-1891) siano entrati nelle casse della BEIC miliardi di sterline, sufficienti a pagare dieci volte il costo della guerra anglo-boera, scoppiata nel 1899. C'è stata anche una forte interferenza da parte della Russia, che ha cercato di prendere piede in Afghanistan e di fornire un cuscinetto per i suoi confini. La Russia non era interessata al commercio dell'oppio; la sua unica preoccupazione era quella di ottenere un cuscinetto territoriale. Infine, dopo cinque anni di gravi problemi con la Gran Bretagna, i due Paesi raggiunsero un accordo in cui la Russia accettava di rimanere fuori dagli affari afghani.

Nel corso della sua turbolenta storia, l'Afghanistan ha continuato a produrre alcune delle migliori qualità di oppio grezzo, molto ricercate dai consumatori occidentali, e la principale via di trasporto di questo carico era il Pakistan. La storia dell'oppio in Afghanistan è quindi strettamente legata alla storia del commercio dell'oppio in Pakistan e alle sue vie di transito verso la costa, il Medio Oriente e l'Europa occidentale.

All'apice del suo potere, la BEIC riceveva ogni anno 4.000 tonnellate di oppio dall'Afghanistan. Il valore stimato di questa enorme produzione in un solo anno (1801) fu di 500 milioni di dollari, una fortuna colossale per l'epoca. La maggior parte dell'oppio passava attraverso il Khyber Pass in India (la parte oggi conosciuta come Pakistan), poi scendeva verso la desolata costa di Maccra, dove veniva raccolto da dhow arabi e portato a Dubai, dove veniva pagato in oro. Per questo scambio non si accetta cartamoneta. Come risultato di questo commercio, a Dubai ci sono non meno di 25 banche che trattano oro, di cui la British Bank of the Middle East è la più importante nel commercio di oro per l'oppio. I musulmani dell'Afghanistan, a differenza della classe operaia cinese, non consumano oppio e quindi non ne sono diventati dipendenti. Erano felici di coltivare il papavero, estrarre la linfa dell'oppio, trasformarla in oppio grezzo e poi venderla. In questo modo, l'Afghanistan è sfuggito alle devastazioni del terribile flagello della dipendenza dall'oppio che alla fine ha colpito la Cina. Allora come oggi, la coltivazione dei papaveri e la raccolta della pregiata linfa è l'occupazione dominante della popolazione maschile dell'Afghanistan.

I segreti sono custoditi con cura e finché lo status quo prevarrà, sarà così fino alla fine dei tempi! Ho visto campi di papaveri cresciuti da piantine a piante fiorite e poi, quando la linfa sale nei baccelli, come vengono tagliati con rasoi dai quali la resina simile alla gomma scorre e si rapprende. Ho anche visto che non c'è stato alcun tentativo di frenare o ridurre la coltivazione del papavero. Mi sono preoccupato di fornire dettagli sul tipo di regime imposto all'Afghanistan dalle potenze straniere, nella speranza che i lettori capiscano che da allora è cambiato ben poco. Gli Stati Uniti credono che l'invasione e i bombardamenti abbiano portato il Paese alla sottomissione, ma si sbagliano di grosso. L'Afghanistan è un Paese di signori della guerra e fazioni rivali che cercano di accaparrarsi una fetta di oppio, un quadro di lealtà confuse e intense rivalità. Questo gli Stati Uniti e i loro alleati non potranno mai sconfiggerlo.

I Talebani - creati, armati e diretti dalla Central Intelligence Agency (CIA) come controforza per impedire alla Russia di conquistare il paese - sono ora il nemico! Quando i Talebani sono saliti al potere, sono stati derisi, scherniti e disprezzati, ma si sono rapidamente affermati e, dopo aver sconfitto i russi, si sono rivoltati contro i loro benefattori americani, ordinando di fermare la coltivazione del papavero e l'esportazione dell'oppio grezzo. Miglia e miglia di campi di papavero furono bruciati, insieme alle scorte di oppio. Improvvisamente, i signori della droga della City di Londra e di Wall Street hanno visto un'enorme perdita di reddito e la situazione ha dovuto essere radicalmente ribaltata.

Non posso dire con certezza come sia avvenuto l'attacco al World Trade Center, ma so che il popolo americano non avrebbe mai accettato l'invasione dell'Afghanistan da parte delle forze statunitensi se non fosse stato per il disastro dell'11 settembre 2001, e quindi è più che probabile che la storia rivelerà che la tragedia dell'11 settembre era una "situazione inventata". Con grande costernazione delle banche di Dubai e dei commercianti di oppio negli Stati Uniti e in Gran Bretagna, i Talebani hanno eliminato i signori della guerra guidati dal clan Barakzai che vendevano l'oppio all'Occidente, la maggior parte dei quali è fuggita in Pakistan o nelle regioni montuose del Paese. Il commercio dell'oppio si è fermato. I Talebani hanno emanato un decreto che prevede la fucilazione di chiunque coltivi papaveri o commercializzi oppio. I signori della guerra dell'oppio si dispersero con i loro lacchè criminali.

Questo ha fatto suonare un campanello d'allarme in tutta Westminster e New York. A Dubai, le 90 banche che servivano il commercio dell'oppio hanno visto la rovina in faccia. Bisognava fare qualcosa e così è stato. Gli Stati Uniti sono entrati in guerra con l'Afghanistan, come hanno fatto prima di loro gli inglesi, i russi e i persiani. Lo scopo della guerra, ci viene detto, era quello di "sradicare i Talebani e i loro terroristi di Al-Qaeda". Un enorme squadrone di bombardieri volava 24 ore su 24 e i pochi edifici rimasti in piedi a Kandahar dopo la guerra con la Russia erano ridotti a impressionanti cumuli di macerie. I falchi della guerra Rumsfeld, Wolfowitz, Cheney e Perle gongolano. In patria, i giornali di New York hanno strombazzato che gli Stati Uniti avevano "vinto" la guerra in Afghanistan. Il popolo americano non sapeva che la guerra era appena iniziata. Le truppe statunitensi dovrebbero rimanere in Afghanistan per decenni, tenendo separate le fazioni dell'oppio e assicurando il flusso regolare dell'oppio attraverso le vecchie rotte commerciali. I vertici militari pakistani trarranno grandi benefici dalla cocaina che esce dall'Afghanistan, come hanno sempre fatto. Ecco perché Pervez Musharraf è stato scelto come nostro principale "alleato nella guerra al terrorismo".

Con la caduta dei Talebani e la ripresa del controllo da parte del clan Barakzai, il commercio dell'oppio sta fiorendo in Afghanistan dopo la caduta dei Talebani e non è chiaro se il nuovo governo cercherà di fermarlo o almeno di ridurlo. Ci permettiamo di suggerire che, sotto il regime imposto dagli Stati Uniti, il commercio dell'oppio non solo tornerà alla produzione precedente, ma aumenterà addirittura la quantità di oppio grezzo prodotto. Nel suo rapporto annuale sul commercio internazionale di droga, il Dipartimento di Stato ha affermato che i Talebani, estromessi dal potere dall'esercito statunitense nel 2005, hanno praticamente eliminato la coltivazione del papavero da oppio nelle aree da loro controllate.

La produzione globale di oppio è diminuita drasticamente, passando da circa 3656 tonnellate nel 2000 a circa 74 tonnellate nel 2001, e quasi tutta la produzione è avvenuta nelle zone dell'Afghanistan controllate dall'Alleanza del Nord, alleata di

Washington nella guerra contro i Talebani. Questa è una prova di prima mano: la nostra "guerra alla droga" è falsa come una banconota falsa della Federal Reserve. Mentre i Talebani distruggevano le coltivazioni e le scorte di oppio, la CIA assicurava ai nostri "alleati" - i "signori della guerra", un assortimento di gangster assassini e senza scrupoli - di non preoccuparsi: sarebbero presto tornati al potere. L'Agenzia per l'applicazione delle droghe (DEA) non ha cercato di intervenire per stroncare questa banda di parassiti quando aveva la straordinaria opportunità di farlo. Invece, gli Stati Uniti hanno protetto i criminali trafficanti di droga. L'Afghanistan è tradizionalmente uno dei principali produttori mondiali di oppiacei, insieme all'India, che ha riconquistato la posizione di primo produttore nel 2008 a causa del divieto dei Talebani.

L'oppio è la materia prima degli oppiacei eroina e morfina e l'Afghanistan è stato il principale fornitore di queste droghe alla regione, all'Europa occidentale e agli Stati Uniti. Secondo un recente rapporto degli Stati Uniti, la coltivazione diffusa del papavero è ripresa in Afghanistan dopo il crollo dei Talebani e i trafficanti di droga rimangono attivi nel Paese, nonostante la massiccia presenza di forze statunitensi sul terreno. Sebbene l'autorità provvisoria di Kabul, il fantoccio sostenuto dagli Stati Uniti di Cheney, Rumsfeld e Wolfowitz, Hamid Karzai (Barakzai), abbia annunciato il proprio divieto di coltivazione dell'oppio, il divieto non era molto più grande della capitale e non valeva la carta su cui era scritto. Se Karzai avesse cercato di far rispettare il suo decreto, sarebbe stato trovato una mattina con la gola tagliata da un orecchio all'altro. I suoi spacciatori non gli avrebbero mai permesso di rimanere in vita per interferire con i loro lucrosi affari.

Il rapporto afferma che:

"L'Autorità non ha la capacità di far rispettare il divieto e deve collaborare con i centri di potere locali e la comunità dei donatori per garantire che il divieto venga effettivamente applicato. Non è chiaro se le esortazioni e persino il sostegno finanziario della comunità internazionale saranno sufficienti per eliminare rapidamente la coltivazione del papavero in Afghanistan... Dopo le ostilità, la fazione che controlla effettivamente un'area varia. Non è chiaro se le fazioni rispetteranno il divieto di coltivazione del papavero imposto dall'Autorità provvisoria. "

Che assurdità assoluta.

E perché non farlo rispettare da un gran numero di agenti della DEA supportati dall'esercito americano? Sappiamo che i nostri controllori credono che il popolo americano sia il più credulone del mondo, ma cercare di imporre una tale assurdità alla popolazione e pensare che venga creduta è al di là di ogni spiegazione. L'Alleanza del Nord, che domina il governo di Karzai, non sembra aver intrapreso alcuna azione contro la droga nelle aree del Paese che controlla. Le Nazioni Unite hanno anche ripetutamente riferito che i contadini stanno raccogliendo un secondo raccolto di oppio nelle aree controllate dall'Alleanza del Nord, continua il rapporto.

Riuscite a credere all'audacia di queste persone che si aspettano che noi crediamo a queste palesi assurdità? "Non appare"? Il fatto è che anche se i Talebani stavano facendo tutto il possibile per sradicare il flagello, Washington non solo sapeva che i loro "alleati" coltivavano papaveri, ma assicurava loro che nessuno avrebbe interferito con il loro commercio, purché fossero nostri "alleati" nella guerra contro i Talebani. Washington ha poi proceduto ad armarli e addestrarli per entrare in guerra contro l'intero Afghanistan, lasciando intatto il loro commercio mortale. Questi sono i fatti reali che stanno dietro alla guerra in Afghanistan.

Gli Stati Uniti ripongono qualche speranza negli sforzi regionali per tenere gli oppiacei afghani fuori dal Paese attraverso il gruppo "Sei più due", che comprende gli Stati Uniti, la Russia e i sei vicini immediati dell'Afghanistan. Questa è un'altra farsa. Non si sta facendo nulla e non si farà mai nulla per fermare il commercio di oppio in Afghanistan. Se ci fosse uno sforzo serio in questa direzione, il leader del Pakistan, il generale Pervez Musharraf, verrebbe cacciato. Metà dell'establishment pakistano è totalmente dipendente dai proventi del lucroso commercio dell'oppio che attraversa il Pakistan per dirigersi verso l'Europa e gli Stati Uniti. Nel frattempo, il traffico di droga nella provincia di Helmand continuerà, nonostante i migliori sforzi dell'autorità provvisoria e della comunità internazionale, aggiunge il rapporto del Dipartimento di Stato.

Non c'è assolutamente alcuna prova che la leadership talebana in Afghanistan sia mai stata coinvolta nel commercio dell'oppio, né che la droga sia stata una delle principali fonti di finanziamento della rete di Al-Qaeda di Osama Bin Laden. Abbiamo cercato in tutti i documenti conosciuti e non abbiamo trovato alcuna prova di questo tipo. Respingiamo le affermazioni del Dipartimento di Stato come pura e semplice propaganda. Ma i funzionari hanno affermato che la rete di Al-Qaeda, con sede in Afghanistan, beneficia indirettamente del coinvolgimento dei Talebani nel traffico e temono che stia sviluppando legami più stretti con i trafficanti, poiché è sotto pressione da parte degli Stati Uniti dopo gli attacchi terroristici dell'11 settembre. Dove sono le prove? Le accuse non sono prove, e finora non è stata presentata alcuna prova. Si tratta di propaganda per mettere in dubbio le convinzioni religiose dei Talebani.

> "Ogni volta che si ha un'organizzazione terroristica che deve avere fonti di denaro e che è geograficamente vicina a organizzazioni di droga che producono denaro, c'è ovviamente il potenziale per un legame più forte tra le due,

ha dichiarato Asa Hutchinson, ex capo della DEA, davanti alla sottocommissione per la riforma del governo della Camera sulla giustizia penale, la politica sulle droghe e le risorse umane. Ebbene, ora si dice che la nomina di Hutchinson è stata politica e che egli sa poco o nulla del traffico di droga, avendo trascorso il suo tempo alla Camera dei Rappresentanti prima di perdere il suo seggio a causa del suo ruolo nel processo di impeachment di Clinton.

I funzionari statunitensi hanno dichiarato che il traffico di oppio è stato una delle principali fonti di finanziamento per i Talebani, la milizia islamica integralista che governa gran parte del Paese. Hutchinson e William Bach, funzionario del Dipartimento di Stato per la lotta al narcotraffico, hanno affermato che le guardie talebane a volte accettavano oppio grezzo invece di contanti.

Questa patetica affermazione proviene direttamente dalle bocche dei criminali dell'"Alleanza del Nord", che non possono dire la verità perché, se lo facessero, perderebbero il loro status favorevole con Washington. Ecco un'altra "perla":

> "In previsione di una rappresaglia militare statunitense per gli attacchi terroristici, sembra che i Talebani stiano vendendo le loro scorte. Il prezzo dell'oppio nella regione è sceso improvvisamente da 746 dollari al chilogrammo a 95 dollari subito dopo gli attacchi. Da allora è risalito a 429 dollari. "

Si potrebbe pensare che, dopo averci detto che i Talebani avevano bisogno di armi, difficilmente avrebbero "rinunciato" al loro mezzo più diretto per ottenerle! In ogni caso, non ci sono prove che i Talebani abbiano mai commerciato in oppio. Chi si fosse lasciato tentare sarebbe stato sottoposto a un processo sommario e all'esecuzione secondo il loro codice religioso. Alla fine del 1790, l'Afghanistan è diventato il maggior produttore mondiale di oppio, la materia prima dell'eroina. Al suo apice, forniva più del 70% delle entrate della BEIC, una distinzione che il Paese ha mantenuto durante le due guerre mondiali e fino alla fine degli anni Novanta.

Quando sono saliti al potere, i Talebani hanno ordinato di sospendere la coltivazione dell'oppio, adducendo principi religiosi. Gli osservatori internazionali hanno confermato che la produzione è stata praticamente spazzata via nelle aree controllate dai talebani, mentre quel poco di oppio rimasto viene coltivato nei terreni della cosiddetta opposizione "Alleanza del Nord", una banda di furfanti, spacciatori e assassini sotto la protezione dell'ex segretario alla Difesa Donald Rumsfeld.

Questo non spiega molte cose che devono essere spiegate? E non è la prima volta che gli Stati Uniti sono direttamente coinvolti nel traffico di droga. Lo abbiamo visto in Vietnam, Libano, Messico, Pakistan e ora in Afghanistan. Ma i funzionari statunitensi affermano che il divieto ha avuto scarso effetto sul traffico perché i Talebani non hanno eliminato le ingenti scorte di oppio degli anni precedenti né hanno arrestato i trafficanti. Qual è la verità?

Il Dipartimento di Stato e il nuovo capo della DEA ci dicono che i Talebani hanno "smaltito" le loro enormi scorte di oppio, e allo stesso tempo dovremmo credere che i Talebani non hanno fatto nulla del genere! Credeteci quando diciamo che non sarebbe stato necessario "liquidare" le azioni. I signori della droga pakistani - compresi i militari - avrebbero comprato ogni chilo di oppio grezzo dai Talebani a prezzo pieno.

Questa storia è un mucchio di sciocchezze. È successo che i principali attori del commercio si trovavano tutti in un'area "protetta" dall'Alleanza del Nord e i Talebani non potevano entrare perché Donald Rumsfeld li aveva armati con carri armati, artiglieria e tutti gli accessori di un esercito moderno, per gentile concessione dei contribuenti. Il presidente della sottocommissione Mark Souder, dell'Indiana, ha definito il divieto sui talebani "un errore molto grave".

> "Una manovra freddamente calcolata per controllare il prezzo del mercato mondiale dell'oppio e dell'eroina".

Sembra un caso di cieco che guida il cieco! Souder sembra peggiore di Hutchinson. Perché non dire la verità e lasciare che sia il popolo americano a decidere? Perché mentire e offuscare? "I funzionari statunitensi hanno stimato che l'oppio potrebbe fornire ai Talebani fino a 50 milioni di dollari all'anno", affermano Hutchinson e Bach. Al-Qaeda ne beneficia indirettamente perché è stata protetta dai Talebani.

Ma Bach ha detto che il traffico di droga "non sembra essere la risorsa principale di Al-Qaeda", mentre Souder ha osservato che i funzionari statunitensi hanno prestato poca attenzione al commercio di oppio afghano perché poco di esso entra negli Stati Uniti:

> "Ora ci troviamo di fronte a una nuova realtà: il traffico di droga afghano, che ha a malapena attraversato i nostri confini, ha causato al nostro Paese danni pari a quelli provocati dalla droga proveniente da mezzo mondo che ha raggiunto le strade americane. "

Se l'americano medio riuscirà a dare un senso a queste affermazioni contraddittorie, saremo molto sorpresi. Ma a prescindere dal fatto che possiamo capirli o meno, si tratta, e lo ripetiamo, di un puro e semplice doppio discorso. Vi chiediamo ancora una volta di considerare quanto segue:

> Ci dicono che i Talebani hanno "venduto" la maggior parte delle loro scorte di oppio.

> Ci è stato detto che i Talebani avevano bisogno di entrate dall'oppio.

> Ci è stato detto che i Talebani ricevevano 50 milioni di dollari all'anno dai proventi dell'oppio.

> Ci dicono che i Talebani hanno "buttato via" le loro enormi scorte. Sono stati "buttati via" 50 milioni di dollari? Perché qualcuno dovrebbe voler "buttare via" 50 milioni di dollari?

> Ci dicono che finora la DEA ha mostrato scarso interesse per il principale fornitore mondiale di oppio grezzo. Ha senso? Se la DEA non ha prestato attenzione all'oppio che esce dall'Afghanistan, allora è colpevole di negligenza.

> Ci viene detto che il motivo per cui la DEA sta fallendo nel suo compito è che l'oppio entra così poco negli Stati Uniti!

Riuscite a credere a queste persone? Devono pensare che il popolo americano sia il più stupido del mondo. Dopo gli attentati dell'11 settembre a New York e Washington, l'Afghanistan è stato al centro dell'attenzione mondiale. L'"alleanza contro il terrorismo" guidata dagli Stati Uniti ha bombardato l'Afghanistan ed elementi di Al Qaeda sono fuggiti dal Paese. La coltivazione illecita dell'oppio in Afghanistan divenne parte della guerra di propaganda. Il commercio di eroina è stato ripetutamente citato come una delle principali fonti delle reti di Osama bin Laden. Ma in qualche modo siamo stati portati a credere che Bin Laden sia fuggito e rimanga in libertà in Afghanistan, continuando a dirigere il terrorismo contro l'Occidente. A nostro avviso, ciò dovrebbe essere visto con grande scetticismo.

"Le armi che i Talebani comprano oggi sono pagate con le vite di giovani britannici che comprano la droga nelle strade inglesi. Questa è un'altra parte del loro regime che dobbiamo cercare di distruggere,

ha dichiarato l'ex primo ministro britannico Tony Blair.

La sua dichiarazione è un esempio di travisamento della situazione reale dell'economia dell'oppio in Afghanistan. In realtà, è l'alleato di Blair in Afghanistan, l'"Alleanza del Nord", a trarre sempre più profitto dall'economia criminale dell'oppio. Non ci sono prove che i Talebani stiano trafficando in oppio.

Quando l'ex Primo Ministro Blair ha mantenuto l'esercito britannico in Afghanistan, ha avuto tutto il tempo di sradicare i campi di papavero, condurre missioni di ricerca e distruggere le scorte di oppio grezzo. Perché Blair non ha ordinato alle sue truppe di prendere queste misure? Si trattava di un'ottima opportunità per condurre un'azione coordinata nel Paese e mettere fuori gioco i coltivatori di papavero, arrestare i trafficanti e distruggere le loro scorte. C'erano i mezzi e i soldi per intraprendere un'operazione del genere, ma no, a quanto pare Blair ha ritenuto che le sue parole fossero più potenti delle sue azioni. Questo si chiama "propaganda". Blair deve sapere cosa hanno detto Souder e Hutchinson. A quanto pare non si preoccupano della morte dei giovani eroinomani britannici, perché non sono affari dell'America! Credere a queste cose significa rischiare di perdere il proprio livello di QI.

Quando i Talebani presero il potere a Kabul nel 1996, ereditarono semplicemente una situazione che aveva trasformato l'Afghanistan, dalla fine del 18 - 19 secolo, nel più grande produttore di oppio del mondo. Tra il 1994 e il 1998, la produzione di oppio ha totalizzato tra le 2.000 e le 3.000 tonnellate di materia prima all'anno. La maggior parte di questa produzione fu incanalata attraverso l'India (e successivamente il Pakistan), inizialmente sotto la supervisione dei migliori soldati dell'esercito britannico, immortalati nei racconti di coraggio di Rudyard Kipling. In seguito, furono i generali dell'esercito pakistano a vigilare sui lucrosi proventi di questo commercio.

Una volta scambiato con l'oro a Dubai, l'oppio grezzo veniva raffinato in eroina e morfina in Turchia e in Francia. Solo una minima parte dell'oppio veniva lavorata in Afghanistan. Tutti i record precedenti sono stati battuti nel 1999 e nel 2000, quando la produzione di oppio in Afghanistan ha raggiunto le 4.500 tonnellate.

L'amministrazione Bush vorrebbe farci credere che il 27 luglio 2000 "...dopo molti anni di pressioni internazionali, il leader talebano Mullah Omar ha emesso un divieto totale di piantare oppio per la stagione successiva". Non è questo il caso. I Talebani hanno vietato la coltivazione del papavero da oppio e la produzione di oppio grezzo non appena hanno preso il potere. La pressione globale non c'entra nulla.

Se la "pressione globale" è il motivo per cui i Talebani hanno vietato il commercio, perché non ha avuto alcun effetto prima che i Talebani salissero al potere? La coltivazione è diminuita nel territorio controllato dai Talebani, mentre è fiorita nelle aree controllate dall'"Alleanza del Nord". La rapida avanzata delle forze statunitensi, dovuta alla massiccia campagna di bombardamenti nella guerra contro la rete di Bin Laden, e la conquista di Kabul da parte dei gangster dell'"Alleanza del Nord" non hanno posto fine all'economia dell'oppio. È successo esattamente il contrario: l'economia dell'oppio è risorta, sebbene gli Stati Uniti e i loro alleati britannici controllassero ormai tutte le principali aree di coltivazione del papavero. L'Afghanistan è stato al centro dell'attenzione del Programma internazionale delle Nazioni Unite per il controllo delle droghe (UNDCP) quando è diventato chiaro che il Paese era diventato la principale fonte di oppio al mondo, vent'anni prima dell'arrivo dei Talebani. I progetti dell'UNDCP per arginare il flusso di oppio illegale in Afghanistan non hanno avuto un impatto misurabile. Nella cosiddetta "guerra all'oppio" in Afghanistan, le principali aree di coltivazione erano sotto il controllo della cosiddetta "Alleanza del Nord", un nome coniato da Rumsfeld per nascondere la sua vera composizione di banditi e delinquenti.

Dal 1994, l'indagine annuale sul papavero da oppio del

programma di monitoraggio delle colture dell'UNDCP è la fonte più affidabile di dati sulla coltivazione del papavero e sul potenziale di produzione di oppio. L'ultimo, pubblicato nell'ottobre 2008, ha confermato il drastico calo della coltivazione del papavero da oppio nel dettaglio, cioè dopo la presa di potere dei Talebani. Prima di allora, la "pressione globale" non aveva avuto alcun impatto sui signori dell'oppio che in seguito sarebbero stati arruolati nella cosiddetta "Alleanza del Nord" di Rumsfeld.

Per comprendere le complessità dell'economia dell'oppio in Afghanistan, la serie di studi politici dell'UNDCP è piuttosto utile, anche se non fornisce dettagli sui controllori dietro le quinte. Documenta l'espansione dei campi di papavero in Afghanistan e le ragioni che l'hanno determinata; il ruolo dell'oppio come fonte di credito e nelle strategie di sostentamento dei piccoli agricoltori e dei rifugiati di guerra; il ruolo delle donne nell'economia dell'oppio; e le dinamiche rurali che stanno dietro al commercio illecito, che ha fruttato miliardi di sterline alla BEIC e continua a fare una fortuna considerevole per coloro che distribuiscono l'oppio, come i generali dell'esercito pakistano. L'ultimo numero di Global Illicit Drug Trends (2008) del Programma del Consiglio delle Nazioni Unite per la Droga (UNDCP), sotto la supervisione di Sandeep Chawla, capo della sezione di ricerca dell'UNDCP, include una sezione speciale sull'Afghanistan, con un'utile ma limitata panoramica delle tendenze dell'economia dell'oppio dai primi tempi, che spiega come l'Afghanistan sia diventato il maggior fornitore di oppio al mondo.

Nel mio libro "*Storia del Comitato dei 300*",[2] , ho raccontato in dettaglio come questo gigantesco gruppo sia riuscito a guadagnare così tanto dalla miseria del commercio dell'oppio imposto al popolo cinese dal governo britannico. Il libro fornisce un resoconto dettagliato della storia del famigerato commercio di

---

[2] *The Hierarchy of Conspirators, A History of the Committee of 300*, Omnia Veritas Ltd, www.omnia-veritas.com.

oppio e del contrabbando di eroina nella regione, comprese le transazioni sanzionate dalla CIA e dall'agenzia di intelligence pakistana ISI durante la jihad contro l'occupazione sovietica negli anni Ottanta. Esistono numerosi rapporti "dell'establishment" sull'economia afghana criminalizzata, in gran parte dedicati a spiegare due decenni di tendenze del contrabbando prima e dopo il 1989, che cercano di dare l'impressione che il traffico di oppio sia una cosa relativamente nuova.

La maggior parte di essi cita il periodo 1987-1989 come "data di inizio" del commercio dell'oppio e delle attività illegali ad esso collegate, mentre i documenti ritrovati al British Museum e all'India House dimostrano che il commercio illecito di eroina e morfina è iniziato con l'arrivo degli inglesi in Afghanistan. L'India (poi Pakistan) era profondamente coinvolta in questo commercio criminale, iniziato sotto il dominio britannico nel 1868 e che continua tuttora. Il testo seguente è citato come esempio della natura annacquata del reporting dello stabilimento:

> Non solo l'Afghanistan è diventato il maggior produttore mondiale di oppio e un centro per il traffico di armi, ma sostiene un commercio multimiliardario di merci di contrabbando da Dubai al Pakistan. Questa economia criminalizzata finanzia sia i Talebani che i loro oppositori. Ha trasformato le relazioni e indebolito gli Stati e le economie legali in tutta la regione. Una pace duratura richiederà non solo la fine dei combattimenti e una soluzione politica, ma anche la trasformazione dell'economia regionale attraverso mezzi di sussistenza alternativi e l'empowerment.

A prima vista, tutto ciò che è contenuto nel rapporto è attenuato e non identifica nessuno. Ma i suoi obiettivi sembrano possibili, anche se in realtà l'oppio domina l'Afghanistan e il Pakistan (la parte che un tempo era l'India) dal 1625 e nulla cambierà la situazione. Ed ecco la fine della storia: gli Stati Uniti e i loro cosiddetti "partner dell'Alleanza del Nord" non faranno nulla per fermare questo lucroso commercio da cui dipendono, per i loro profitti e la loro stessa esistenza, non meno di 23 banche britanniche con sede a Dubai, i cui profitti vengono convogliati verso le banche della City di Londra. È ingenuo credere che queste super-banche permettano a chiunque di interferire con la loro macchina per fare soldi.

I documenti della Compagnia britannica delle Indie orientali conservati all'India House di Londra (prima che venissero misteriosamente distrutti) fornivano informazioni uniche sul commercio dell'oppio in Afghanistan e descrivevano dettagliatamente le rotte del traffico dal Nord, dall'Afghanistan attraverso il Pakistan fino a Dubai. Questo commercio non è mai stato considerato un "commercio criminale" all'epoca della BEIC. L'unica "attività criminale" registrata in questi documenti fu il tentativo dei banditi di dirottare le mulattiere dell'oppio attraverso il Khyber Pass, dove furono respinti dai migliori dell'esercito britannico. I dati statunitensi sull'Afghanistan sono stati imprecisi e altamente politicizzati negli ultimi vent'anni. È interessante notare che, in queste recenti dichiarazioni, la DEA utilizza per la prima volta quasi esclusivamente i dati dell'UNDCP, che considerava grossolanamente sovrastimati, almeno fino a qualche anno fa.

Ci si chiede perché? È politicamente conveniente citare le statistiche come parte della manovra statunitense per screditare i Talebani e fondere la "guerra al terrore" con la "guerra alla droga". In realtà, non esistono né l'una né l'altra cosa, ma la farsa deve essere mantenuta per fornire una scusa a "leggi" draconiane e totalmente incostituzionali che violano palesemente la Carta dei Diritti. Ecco perché non riusciamo a trovare Bin Laden. Se lo facessimo, improvvisamente non ci sarebbero più talebani e non ci sarebbe più motivo di continuare la "guerra al terrorismo". In Afghanistan, con la scomparsa dei Talebani, il tempo del raccolto è un non evento per i coltivatori di oppio in Afghanistan e Pakistan, una regione che ora rivaleggia con il Sud-est asiatico come la più grande fonte mondiale di eroina, la droga derivata dal papavero da oppio.

L'amministrazione di G.W. Bush ha deciso di non distruggere le coltivazioni di oppio in Afghanistan. Curiosamente, il Presidente Bush, che in precedenza aveva collegato il traffico di droga in

Afghanistan direttamente al terrorismo, ha improvvisamente deciso di non distruggere la coltivazione di oppio in Afghanistan. Un funzionario dei servizi segreti statunitensi di ritorno dall'Afghanistan lo ha riferito a una rivista d'informazione europea. La fonte, che ha chiesto di non essere identificata, ha fatto notare che i campi di papavero da oppio sono in piena fioritura e pronti per il raccolto. Le forze statunitensi potrebbero distruggere le coltivazioni utilizzando tecniche di irrorazione aerea, ma non è prevista alcuna azione di questo tipo. Non ci sono lanciafiamme puntati sui germogli di papavero in maturazione, né segni di truppe che strappano le piante e le bruciano. In effetti, nei campi di papavero tutto è tranquillo, perché i contadini sanno che nessuno li disturba. Non si preoccupano nemmeno del "terrorismo" in Paesi lontani, ma alcuni ufficiali dell'intelligence sono profondamente preoccupati per il divieto degli Stati Uniti di distruggere i campi di papavero da oppio.

Il rapporto delle Nazioni Unite sul traffico di droga del gennaio 2002 affermava:

> Se le circa 3.000 tonnellate di oppio raggiungeranno il mercato, ciò comporterà un ulteriore aumento del terrorismo internazionale e una grande perdita di credibilità internazionale per l'amministrazione Bush e la capacità degli Stati Uniti di condurre guerre nel 21 secolo. I nemici dell'America nel mondo, dalla Cina alla Corea del Nord all'Iran, saranno rafforzati da questa mancanza di visione strategica e di volontà politica. Gli Stati Uniti e tutti i loro alleati hanno firmato un divieto globale di vendita dell'oppio. Nel gennaio 2002, le Nazioni Unite hanno pubblicato un rapporto sulla produzione di oppio in Afghanistan, sottolineando che le forze alleate devono agire rapidamente per distruggere il raccolto di papavero da oppio del 2002 entro la tarda primavera. Le forze statunitensi e britanniche non hanno intrapreso tale azione.

L'importanza globale del divieto di coltivazione e traffico di papavero da oppio in Afghanistan è enorme. L'Afghanistan è stato la principale fonte di oppio illecito: il 70% della produzione globale di oppio illecito nel 2000 e fino al 90% dell'eroina presente sui mercati europei della droga provengono dall'Afghanistan. Ci sono indicazioni attendibili che la coltivazione del papavero da oppio è ripresa dall'ottobre 2001 in alcune aree (come le province meridionali di Uruzgan, Helmand, Nangarhar e Kandahar), dopo l'effettiva applicazione del divieto di coltivazione imposto dai Talebani nel 2001, non solo a causa della rottura dell'ordine pubblico, ma anche perché i coltivatori sono disperati per sopravvivere alla prolungata siccità.

Secondo fonti dell'intelligence, la CIA si oppone alla distruzione della coltivazione del papavero da oppio in Afghanistan, perché ciò porterebbe al rovesciamento del governo pakistano. Secondo queste fonti, le agenzie di intelligence pakistane hanno minacciato di rovesciare il Presidente Musharraf se avesse ordinato la distruzione del raccolto. La storia del Pakistan suggerisce che non si tratta di una minaccia inutile. L'ex presidente pakistano A.H. Bhutto è stato impiccato giudiziariamente per aver cercato di fermare il commercio e il suo successore, il generale Zia ul Haq, è morto in un misterioso incidente aereo dopo aver fatto la cresta sul denaro, destinato alle banche della City di Londra. La minaccia di rovesciare Musharraf è motivata in parte da gruppi radicali islamici legati all'Inter-Services Intelligence (ISI) del Pakistan. Si dice che i gruppi radicali traggano i loro principali finanziamenti dalla produzione e dal commercio di oppio. I vertici militari pakistani sono profondamente coinvolti nel monitoraggio del flusso di oppio nel loro Paese - come lo sono sempre stati - e non tollererebbero alcuna interruzione di questo commercio. I servizi segreti pakistani sono totalmente corrotti e inaffidabili, per non dire instabili e sleali. Assecondano il miglior offerente e si fanno beffe dei principi religiosi. La CIA è in combutta con loro da molti anni ed è improbabile che cambi rotta. Come ha concluso amaramente la Bhutto:

> Se la CIA si oppone alla distruzione del commercio dell'oppio in Afghanistan, questo servirà solo a perpetuare la convinzione che la CIA sia un'agenzia non etica, che segue la propria agenda piuttosto che quella del nostro governo costituzionalmente eletto. Se non cogliamo questa opportunità di distruggere la produzione di oppio in Afghanistan, saremo peggio dei Talebani, che l'hanno interrotta nonostante le affermazioni contrarie.

La decisione della CIA di non fermare la produzione di oppio in Afghanistan è stata approvata dal Comitato dei 300, il loro capo supremo. Secondo fonti di intelligence, i governi britannico e francese hanno approvato in silenzio la politica statunitense. La CIA ha una storia di sostegno al traffico internazionale di droga e ha agito in modo analogo durante la catastrofica guerra del Vietnam: il forte aumento del traffico di eroina negli Stati Uniti a partire dagli anni '70 è direttamente attribuibile alla CIA. La famosa intervista rilasciata da Chou En Lai al quotidiano egiziano *Al Ahram* avvalora l'affermazione che la CIA è complice da anni del traffico globale di droga. Questo è ciò che vuole il Comitato dei 300: un semplice sussidio di 2.000 dollari all'anno, per un totale non superiore a 20 milioni di dollari, versato direttamente ai contadini afghani, porrebbe fine a tutta la produzione di oppio, secondo fonti di intelligence. La guerra degli Stati Uniti in Afghanistan è già costata circa 40 miliardi di dollari, e non è stato speso un solo centesimo per sradicare i campi di papavero e interrompere il flusso di oppio grezzo verso il Pakistan (dati del Dipartimento di Stato USA del 2009).

Ora che sappiamo che i milioni di dollari sprecati per le campagne pubblicitarie statunitensi che collegavano la vendita di droghe illegali al terrorismo erano bugie, e ora che sappiamo che l'amministrazione Bush ha protetto la produzione di oppio in Afghanistan, cominciamo a farci un'idea di quanto sia stata sbagliata la guerra in Afghanistan e del perché gli Stati Uniti abbiano scelto il Pakistan come "principale alleato nella lotta contro il terrorismo". Porre fine alla produzione di oppio in Afghanistan non costerebbe un decimo dei milioni di dollari spesi in televisione per pubblicizzare la nostra "guerra al terrorismo - guerra alla droga", ma la strana mancanza di azione in Afghanistan contro il traffico di droga da parte del "falco della guerra" Rumsfeld e dell'amministrazione Bush in generale, dimostra quanto sia ipocrita e fallace la cosiddetta "guerra al terrorismo". Ogni volta che vedete una testa parlante come Bill O'Reilly annunciare un nuovo successo nel sequestro del denaro dei terroristi, ricordate che si tratta di una goccia nel mare rispetto ai miliardi di dollari che affluiscono nei caveau della banca di

Dubai del Comitato dei 300, e sappiate che non farà la minima differenza nel flusso di denaro illegale dell'oppio afghano nelle banche della City di Londra e nelle banche offshore, per non parlare del flusso di eroina in America. La guerra in Afghanistan non è vinta. Le nostre truppe non torneranno mai a casa. Il commercio dell'oppio deve essere monitorato.

L'Ufficio delle Nazioni Unite contro la Droga e il Crimine (UNODC) ha pubblicato la sua indagine di valutazione rapida sulla coltivazione del papavero da oppio in Afghanistan. Anche il governo federale di Washington DC ha pubblicato il suo rapporto annuale sui motori della coltivazione dell'oppio. In risposta, il ministro degli Esteri britannico Kim Howells ha dichiarato:

> Il governo britannico vuole ridurre la quantità di eroina che arriva nelle nostre strade dall'Afghanistan. Le dimensioni del traffico di droga in Afghanistan sono enormi e la strategia per sradicarlo richiederà tempo: non esiste una soluzione rapida. La coltivazione di oppio in Afghanistan è destinata a fluttuare in termini di quantità, come è avvenuto nel recente passato.

Un'indagine delle Nazioni Unite del 2008 ha fornito un'indicazione molto precoce dei possibili livelli di raccolto di quest'anno. Rispetto ai buoni risultati dello scorso anno, che mostravano un calo della produzione, questo rapporto indica livelli di coltivazione stabili nella maggior parte delle 31 province afghane, un aumento della coltivazione in 13 province e una diminuzione della coltivazione in tre province. Ma come chiarisce il rapporto degli autisti indipendenti prodotto per l'FCO, è fuorviante concentrarsi solo sulle cifre chiave, perché il quadro complessivo è più complesso. Le colture e i fattori che influenzano gli agricoltori in tutto il Paese sono molteplici.

L'indagine non ha mai valutato i progressi nell'attuazione della campagna di eradicazione, ma ha solo indicato che nel 2009 l'eradicazione sarà meglio organizzata e dovrebbe quindi avere più successo che nel 2008. L'attuale aumento della coltivazione del papavero non significa che non si stiano facendo progressi nella lotta al commercio. L'eradicazione è solo una parte della strategia globale afghana e internazionale per combattere la coltivazione del papavero: si stanno effettuando importanti sequestri, si sta addestrando la polizia afghana, si stanno creando mezzi di sussistenza alternativi e si stanno creando istituzioni antinarcotici. Dall'invasione statunitense dell'Afghanistan nell'ottobre 2001, il commercio di oppio della Mezzaluna d'Oro è esploso. Secondo i media statunitensi, questo lucroso contrabbando è protetto dai Talebani, per non parlare, ovviamente, dei signori della guerra regionali, in barba alla "comunità internazionale". Si dice che il commercio di eroina "riempia le casse dei Talebani". Nelle parole del Dipartimento di Stato americano:

> L'oppio è una fonte di miliardi di dollari per i gruppi estremisti e criminali... Ridurre l'offerta di oppio è essenziale per stabilire una democrazia sicura e stabile, oltre che per vincere la guerra globale al terrorismo.
>
> Dichiarazione del Vice Segretario di Stato Robert Charles, audizione al Congresso, 1er aprile 2004.

Secondo l'Ufficio delle Nazioni Unite contro la droga e il crimine (UNODC), la produzione di oppio in Afghanistan nel 2008 è stimata in 6.000 tonnellate, con una superficie coltivata di circa 80.000 ettari. Secondo il Dipartimento di Stato, nel 2008 erano coltivati fino a 120.000 ettari. Potremmo essere sulla strada di un aumento significativo. Alcuni osservatori indicano un aumento del 50-100% del raccolto 2008 rispetto ai dati già preoccupanti dell'anno scorso. In risposta all'aumento della produzione di oppio dopo la caduta dei Talebani, l'amministrazione Bush ha intensificato le attività antiterrorismo, stanziando al contempo ingenti somme di denaro pubblico per l'iniziativa della Drug Enforcement Administration in Asia occidentale, denominata "Operazione Contenimento". I vari rapporti e le dichiarazioni ufficiali sono, ovviamente, mescolati alla solita autocritica "equilibrata" secondo cui "la comunità internazionale non sta facendo abbastanza" e ciò che serve è la "trasparenza". Osservazioni a nome del Direttore esecutivo dell'UNODC all'Assemblea generale delle Nazioni Unite, ottobre 2001:

> I titoli recitano: "Droga, signori della guerra e insicurezza

offuscano il cammino dell'Afghanistan verso la democrazia".

Il coro dei media statunitensi incolpa l'ormai defunto "regime islamico della linea dura", senza nemmeno riconoscere che i Talebani - in collaborazione con le Nazioni Unite - avevano imposto con successo un divieto sulla coltivazione del papavero nel 2000. La produzione di oppio è diminuita di oltre il 90% nel 2001.

In effetti, l'aumento della produzione di oppio ha coinciso con l'assalto dell'operazione militare guidata dagli Stati Uniti e con la caduta del regime talebano. Da ottobre a dicembre 2001, i contadini hanno iniziato a ripiantare il papavero in modo estensivo. Il successo del programma di eradicazione delle droghe attuato dall'Afghanistan nel 2000 sotto il regime talebano è stato riconosciuto nella sessione dell'ottobre 2001 dell'Assemblea Generale delle Nazioni Unite (tenutasi pochi giorni dopo l'inizio dei bombardamenti del 2001). Nessun altro Paese membro dell'UNODC è stato in grado di attuare un programma analogo:

> In primo luogo, per quanto riguarda la lotta alla droga, avevo previsto di concentrare le mie osservazioni sulle implicazioni del divieto imposto dai talebani alla coltivazione del papavero da oppio nelle aree sotto il loro controllo...

Abbiamo ora i risultati della nostra indagine annuale sul campo sulla coltivazione del papavero in Afghanistan. La produzione di quest'anno (2001) è di circa 185 tonnellate. Si tratta di un calo di oltre il 94% rispetto alle 3.300 tonnellate dello scorso anno (2000). Rispetto al raccolto record di 4700 tonnellate di due anni fa, il calo è di oltre il 97%. Qualsiasi riduzione delle coltivazioni illecite è benvenuta, soprattutto in casi come questo in cui non si sono verificati spostamenti, locali o in altri Paesi, per indebolire il risultato.

All'indomani dell'invasione statunitense, la retorica è cambiata. L'UNODC si comporta ora come se il bando dell'oppio del 2000 non fosse mai esistito:

> ... La battaglia contro la coltivazione della droga è stata combattuta e vinta in altri Paesi e può essere combattuta e vinta

qui (in Afghanistan), con una governance forte e democratica, l'assistenza internazionale e una maggiore sicurezza e integrità.

> Dichiarazione del rappresentante dell'UNODC in Afghanistan alla Conferenza internazionale contro gli stupefacenti del febbraio 2004.

In realtà, Washington e l'UNODC sostengono ora che l'obiettivo dei Talebani nel 2000 non era realmente l'"eradicazione della droga", ma un piano subdolo per innescare una "carenza artificiale di forniture" che avrebbe fatto salire i prezzi dell'eroina nel mondo. Ironia della sorte, questa logica contorta, ora parte di un nuovo "consenso delle Nazioni Unite", è smentita da un rapporto dell'ufficio UNODC in Pakistan, che all'epoca confermò che non c'erano prove di stoccaggio da parte dei Talebani.

> Desert News, Salt Lake City, Utah, 5 ottobre 2003.

Dopo il bombardamento statunitense dell'Afghanistan nel 2001, il governo britannico di Tony Blair è stato incaricato dal G8, il gruppo delle principali nazioni industriali, di realizzare un programma di eradicazione della droga che, in teoria, avrebbe permesso ai contadini afghani di passare dalla coltivazione del papavero ad altre colture. Gli inglesi lavoravano da Kabul, in stretto collegamento con le autorità afghane.

L'operazione di contenimento della DEA statunitense. Il programma di eradicazione delle colture sponsorizzato dal Regno Unito è un'evidente cortina di fumo. Dall'ottobre 2001, la coltivazione del papavero da oppio ha subito un'impennata. Uno degli obiettivi "nascosti" della guerra era proprio quello di riportare il commercio di droga sponsorizzato dalla CIA a livelli storici e di esercitare un controllo diretto sulle rotte della droga. Subito dopo l'invasione dell'ottobre 2001, i mercati dell'oppio sono stati ripristinati. I prezzi dell'oppio salirono alle stelle. All'inizio del 2009, il prezzo dell'oppio (in dollari/kg) era quasi 15 volte superiore a quello del 2000. Nel 2001, sotto il regime talebano, la produzione di oppiacei ammontava a 185 tonnellate, mentre nel 2002 è salita a 3.400 tonnellate sotto il regime fantoccio del presidente Hamid Karzai, sponsorizzato dagli Stati Uniti. Pur sottolineando la lotta patriottica di Karzai contro i

Talebani, i media hanno omesso di dire che Karzai aveva di fatto collaborato con i Talebani. È stato anche al servizio di una grande compagnia petrolifera statunitense, la UNOCAL. Infatti, dalla metà degli anni '90, Hamid Karzai ha agito come consulente e lobbista per l'UNOCAL nei negoziati con i Talebani. Secondo il giornale saudita *Al-Watan* :

Karzai è stato un operatore clandestino della Central Intelligence Agency fin dagli anni Ottanta. Ha incanalato gli aiuti statunitensi ai Talebani a partire dal 1994, quando gli americani hanno sostenuto segretamente e con l'intermediazione dei pakistani (in particolare dell'ISI) la presa di potere dei Talebani.

Vale la pena ricordare la storia del traffico di droga della Mezzaluna d'Oro, che è intimamente legato alle operazioni segrete della CIA nella regione sin dall'inizio della guerra sovietico-afghana e delle sue conseguenze. Prima della guerra sovietico-afghana (1979-1989), la produzione di oppio in Afghanistan e Pakistan era destinata a piccoli mercati regionali. Non c'era una produzione locale di eroina. L'economia afghana del narcotraffico era un progetto della CIA attentamente studiato e sostenuto dalla politica estera statunitense. Come hanno rivelato gli scandali Iran-Contra e Bank of Commerce and Credit International (BCCI), le operazioni segrete della CIA per conto dei mujahidin afghani erano finanziate dal riciclaggio di denaro sporco. Il "denaro sporco" è stato riciclato attraverso una serie di istituti bancari (in Medio Oriente) e attraverso società anonime di facciata della CIA, in "denaro segreto", che è stato utilizzato per finanziare vari gruppi di insorti durante la guerra sovietico-afghana e le sue conseguenze. Poiché gli Stati Uniti volevano rifornire i ribelli mujaheddin in Afghanistan con missili antiaerei Stinger e altre attrezzature militari, avevano bisogno della piena collaborazione del Pakistan. A metà degli anni '80, l'operazione della CIA a Islamabad era una delle più grandi stazioni di intelligence statunitensi nel mondo.

"Se il BCCI è così imbarazzante per gli Stati Uniti da impedire lo svolgimento di indagini accurate, ciò ha molto a che fare con il fatto che gli Stati Uniti hanno chiuso un occhio sul traffico di eroina in Pakistan", ha dichiarato un funzionario dell'intelligence statunitense.

Lo studio del ricercatore Alfred McCoy conferma che entro due anni dall'operazione segreta della CIA in Afghanistan nel 1979, le zone di confine tra Pakistan e Afghanistan sono diventate il più grande produttore di eroina al mondo, fornendo il 60% della domanda statunitense. In Pakistan, il numero di eroinomani è passato da quasi zero nel 1979 a 1,2 milioni nel 1985, un aumento di gran lunga superiore a quello di qualsiasi altra nazione; le risorse della CIA controllavano nuovamente il commercio di eroina. Quando i guerriglieri mujahideen hanno conquistato il territorio in Afghanistan, hanno ordinato ai contadini di piantare oppio come tassa rivoluzionaria. Oltre il confine, in Pakistan, i leader afghani e i sindacati locali, sotto la protezione dell'intelligence pakistana, gestivano centinaia di laboratori di eroina. In questo decennio di traffico di droga su larga scala, l'agenzia antidroga statunitense di Islamabad non è riuscita a effettuare un solo sequestro o arresto importante.

I funzionari statunitensi si erano rifiutati di indagare sulle accuse di traffico di eroina da parte dei loro alleati afghani, perché la politica statunitense in materia di droga in Afghanistan era subordinata alle priorità della guerra contro l'influenza sovietica nel Paese. Nel 1995, l'ex direttore della CIA responsabile dell'operazione in Afghanistan, Charles Cogan, ammise che la CIA aveva effettivamente sacrificato la guerra alla droga per combattere la guerra fredda:

> La nostra missione principale era quella di danneggiare il più possibile i sovietici. Non avevamo le risorse o il tempo per fare un'indagine sulla droga.

> Non credo che ci si debba scusare per questo. Ogni situazione ha le sue ricadute. C'è stata una ricaduta in termini di droga, sì. Ma l'obiettivo principale è stato raggiunto. I sovietici hanno lasciato l'Afghanistan.

Il ruolo della CIA, ampiamente documentato, non viene menzionato nelle pubblicazioni ufficiali dell'UNODC, che si concentrano sui fattori sociali e politici interni. Inutile dire che le radici storiche del commercio dell'oppio sono state grossolanamente distorte. Secondo l'UNODC, la produzione di oppio in Afghanistan è aumentata di oltre 15 volte dal 1979. Dopo la guerra sovietico-afghana, la crescita dell'economia dei narcotici è proseguita senza sosta. I Talebani, sostenuti dagli Stati Uniti, hanno inizialmente contribuito alla continua crescita della produzione di oppiacei fino alla loro messa al bando nel 2000. Questo riciclaggio di denaro proveniente dalla droga è stato utilizzato per finanziare le insurrezioni post-Guerra Fredda in Asia centrale e nei Balcani, compresa Al-Qaeda. Per maggiori dettagli, si veda Michel Chossudovsky, *War and Globalization, The Truth behind September 11*, Global Outlook, 2002.

Droga: dietro il mercato del petrolio e il commercio di armi

Le entrate generate dal traffico di droga afghano sponsorizzato dalla CIA sono considerevoli. Il commercio afghano di oppiacei rappresenta una parte significativa del giro d'affari annuale mondiale degli stupefacenti, che secondo le Nazioni Unite si aggira intorno ai 400-500 miliardi di dollari. Al momento della pubblicazione di queste cifre delle Nazioni Unite (1994), il commercio mondiale di droga (stimato) era dello stesso ordine di grandezza del commercio mondiale di petrolio.

Il Fondo Monetario Internazionale ha stimato che il riciclaggio di denaro sporco a livello mondiale si aggira tra i 590 e i 1.500 miliardi di dollari all'anno, pari al 2-5% del PIL globale (*Asian Banker*, 15 agosto 2003). In base ai dati del 2003, il traffico di droga è "la terza merce al mondo in termini di denaro dopo il petrolio e il commercio di armi". *The Independent*, 29 febbraio 2004.

Inoltre, i dati sopra riportati, compresi quelli sul riciclaggio di denaro, confermano che la maggior parte dei ricavi associati al commercio globale di droga non viene catturata da gruppi terroristici e signori della guerra, come suggerisce il rapporto dell'UNODC. Dietro le droghe ci sono potenti interessi commerciali e finanziari. Da questo punto di vista, il controllo geopolitico e militare delle rotte della droga è strategico quanto il petrolio e gli oleodotti. Ciò che distingue i narcotici dal commercio legale di merci, tuttavia, è che gli stupefacenti sono una fonte importante di formazione di ricchezza non solo per la criminalità organizzata, ma anche per la comunità dei servizi segreti statunitensi, che è sempre più un attore potente nella sfera finanziaria e bancaria. A sua volta, la CIA, che protegge il traffico di droga, ha sviluppato complessi legami commerciali e sotto copertura con le principali organizzazioni criminali coinvolte nel traffico di droga. In altre parole, le agenzie di intelligence e i potenti sindacati d'affari alleati con la criminalità organizzata si contendono il controllo strategico delle rotte dell'eroina. Miliardi di dollari di proventi del narcotraffico sono depositati nel sistema bancario occidentale.

La maggior parte delle principali banche internazionali, così come le loro filiali nei paradisi bancari offshore, riciclano grandi quantità di denaro proveniente dagli stupefacenti. Questo business può prosperare solo se i principali attori coinvolti nel narcotraffico hanno "amici politici in alto loco".

Le attività legali e illegali sono sempre più intrecciate; il confine tra "uomini d'affari" e criminali è sempre più labile. A loro volta, le relazioni tra criminali, politici e membri dei servizi segreti hanno contaminato le strutture dello Stato e il ruolo delle sue istituzioni. Questo commercio è caratterizzato da una complessa rete di intermediari. Esistono diverse fasi del commercio di droga, diversi mercati interconnessi, dal coltivatore di papavero impoverito in Afghanistan ai mercati all'ingrosso e al dettaglio dell'eroina nei Paesi occidentali. In altre parole, esiste una "gerarchia di controllo dei prezzi" per gli oppiacei.

Questa gerarchia è riconosciuta dall'amministrazione statunitense:

> L'eroina afghana viene venduta sul mercato internazionale degli stupefacenti a un prezzo 100 volte superiore a quello che i contadini ottengono per il loro oppio al cancello della fattoria.
>
> Il Dipartimento di Stato americano citato da *Voice of America*.

Secondo l'UNODC, nel 2003 l'oppio in Afghanistan ha generato... un reddito di 1 miliardo di dollari per gli agricoltori e di 1,3 miliardi di dollari per i trafficanti, più della metà del reddito nazionale. Secondo queste stime dell'UNODC, il prezzo medio dell'oppio fresco era di 350 dollari al kg. (2002); la produzione nel 2002 è stata di 3400 tonnellate. Le stime dell'UNODC, basate sui prezzi locali alla produzione e all'ingrosso, rappresentano tuttavia solo una piccolissima percentuale del traffico di droga afghano, che ammonta a svariati miliardi di dollari. L'UNODC stima in 30 miliardi di dollari il "fatturato totale annuo del commercio internazionale" di oppiacei afghani. Un esame dei prezzi all'ingrosso e al dettaglio dell'eroina nei Paesi occidentali, tuttavia, suggerisce che i ricavi totali generati, compresi quelli al dettaglio, sono molto più alti. Si stima che un chilo di oppio produca circa 100 grammi di eroina (pura).

La DEA statunitense conferma che l'eroina SWA (South West Asia, cioè Afghanistan) veniva venduta a New York alla fine degli anni '90 a un prezzo compreso tra 85.000 e 190.000 dollari al chilogrammo all'ingrosso con un livello di purezza del 75%. Da quando sono state pubblicate queste cifre, le fonti indicano che i prezzi dell'eroina sono aumentati del 450%.

Secondo la Drug Enforcement Administration (DEA) statunitense, "il prezzo dell'eroina del Sud-Est asiatico (SEA) varia da 70.000 a 100.000 dollari per unità (700 grammi) e la purezza dell'eroina SEA varia dall'85 al 90%". L'unità ASE da 700 grammi (85-90% di purezza) si traduce in un prezzo all'ingrosso per kg. di eroina pura compreso tra 115.000 e 163.000 dollari. Le cifre citate dal DEA, pur riflettendo la situazione degli anni '90, sono sostanzialmente in linea con i dati britannici del 2002. Secondo un articolo del *Guardian* (11 agosto 2002), il prezzo all'ingrosso dell'eroina (pura) a Londra (Regno Unito) era dell'ordine di 50.000 sterline, pari a circa 80.000 dollari (2002). Sebbene esista una concorrenza tra le diverse fonti di approvvigionamento di eroina, va notato che l'eroina afghana rappresenta una percentuale piuttosto piccola del mercato statunitense dell'eroina, che è in gran parte fornito dalla Colombia.

Il Dipartimento di Polizia di New York (NYPD) rileva che i prezzi al dettaglio dell'eroina sono in calo e la purezza è relativamente alta. L'eroina, che un tempo veniva venduta a circa 90 dollari al grammo, oggi viene venduta a 65-70 dollari al grammo o meno. Informazioni aneddotiche della polizia di New York indicano che la purezza di una bustina di eroina varia generalmente tra il 50 e l'80%, ma può arrivare anche al 30%. Le informazioni del giugno 2008 indicano che le balle (10 sacchi) acquistate da venditori dominicani in quantità maggiori (circa 150 balle) venivano vendute a meno di 40 dollari l'una, o 55 dollari l'una a Central Park. La DEA riferisce che un'oncia di eroina viene solitamente venduta a 2.500-5.000 dollari, un grammo a 70-95 dollari, un pacchetto a 80-90 dollari e un sacchetto a 10 dollari.

Il DMP riferisce che la purezza media dell'eroina a livello di strada nel 1999 era di circa il 62%. I dati della polizia di New York e della DEA sui prezzi al dettaglio sembrano coerenti. Il prezzo DEA di 70-95 dollari, con una purezza del 62%, si traduce in 112-153 dollari per grammo di eroina pura. I dati della polizia di New York sono più o meno simili, con stime forse più basse per la purezza. Va notato che quando l'eroina viene acquistata in quantità molto piccole, il prezzo al dettaglio tende a essere molto più alto. Negli Stati Uniti viene spesso acquistata a "sacchetto" (il tipico sacchetto contiene 25 milligrammi di eroina pura). Un sacchetto da 10 dollari a New York (secondo la cifra della DEA citata sopra) si tradurrebbe in un prezzo di 400 dollari al grammo, ogni sacchetto contiene 0,025 grammi di eroina pura. In altre parole, per gli acquisti molto piccoli commercializzati dagli spacciatori di strada, il margine al dettaglio tende a essere molto più alto. Nel caso dell'acquisto di un sacchetto da 10 dollari, si tratta di circa 3 o 4 volte il corrispondente prezzo al dettaglio per grammo (112 - 153 dollari). In Gran Bretagna, il prezzo al dettaglio per grammo di eroina, secondo fonti della polizia britannica, "... è sceso da 74 sterline nel 1997 a 61 sterline (nel 2004)". (cioè da circa 133 a 110 dollari, in base al tasso di cambio del 2004) *Independent*, 3 marzo 2004.

In alcune città si arrivava a 30-40 sterline al grammo con un basso livello di purezza. Il prezzo medio di un grammo di eroina in Gran Bretagna è compreso tra le 40 e le 90 sterline (da 72 a 162 dollari al grammo). (Il prezzo di strada dell'eroina era di 80 sterline al grammo nell'aprile 2007, secondo il National Criminal Intelligence Service. Si tratta di prezzi che vanno dal prezzo alla produzione nel paese di produzione al prezzo finale al dettaglio sulla strada. Quest'ultimo è spesso da 80 a 100 volte il prezzo pagato all'agricoltore. In altre parole, il prodotto oppiaceo passa attraverso diversi mercati, dal Paese produttore ai Paesi di trasbordo e quindi ai Paesi consumatori. In quest'ultimo caso, esistono ampi margini tra il "prezzo di sbarco" al punto di ingresso, richiesto dai cartelli della droga, e i prezzi all'ingrosso e al dettaglio sulla strada, protetti dalla criminalità organizzata occidentale. In Afghanistan, la produzione dichiarata di 3.600 tonnellate di oppio nel 2003 produrrebbe circa 360.000 kg di eroina pura. Secondo le stime dell'UNODC, il reddito lordo degli agricoltori afghani è di circa 1 miliardo di dollari, di cui 1,3 miliardi vanno ai trafficanti locali. Se venduta sui mercati occidentali a un prezzo all'ingrosso dell'eroina di circa 100.000 dollari al kg (con un livello di purezza del 70%), il ricavo globale all'ingrosso (corrispondente a 3.600 tonnellate di oppio afghano) sarebbe di circa 51,4 miliardi di dollari.

Quest'ultima cifra è una stima prudente basata sui vari prezzi all'ingrosso presentati nella sezione precedente. I proventi totali del traffico di droga in Afghanistan (in termini di valore aggiunto totale) sono stimati utilizzando il prezzo finale al dettaglio dell'eroina. In altre parole, il valore al dettaglio del commercio è in ultima analisi il metro per misurare l'importanza del commercio di droga in termini di generazione di reddito e formazione di ricchezza. Una stima significativa del valore al dettaglio, tuttavia, è quasi impossibile da stabilire perché i prezzi al dettaglio variano notevolmente all'interno delle aree urbane, tra le città e tra i Paesi consumatori, per non parlare delle variazioni di purezza e qualità. I dati sui margini al dettaglio, ovvero la differenza tra i prezzi all'ingrosso e al dettaglio nei Paesi consumatori, suggeriscono tuttavia che gran parte dei proventi totali (monetari) del commercio di droga è generata al dettaglio. In altre parole, una parte significativa dei proventi del traffico di droga va alle organizzazioni criminali e imprenditoriali dei Paesi occidentali coinvolte nei mercati locali della droga all'ingrosso e al dettaglio. E le varie bande criminali coinvolte nel commercio al dettaglio sono invariabilmente protette da organizzazioni criminali "aziendali".

Il 90% dell'eroina consumata nel Regno Unito proviene dall'Afghanistan. Utilizzando il prezzo al dettaglio britannico di 110 dollari al grammo (con un livello di purezza ipotizzato del 50%), il valore totale al dettaglio del commercio di droga afghano nel 2003 (3.600 tonnellate di oppio) sarebbe di circa 79,2 miliardi di dollari. Quest'ultimo dato deve essere considerato una simulazione piuttosto che una stima. Secondo questa ipotesi (simulazione), 1 miliardo di dollari di ricavi lordi per gli agricoltori afghani (2003) genererebbe ricavi globali da narcotici - cumulati in diverse fasi e in diversi mercati - dell'ordine di 79,2 miliardi di dollari.

Questi introiti globali vanno alle organizzazioni imprenditoriali, alle agenzie di intelligence, alla criminalità organizzata, alle istituzioni finanziarie, ai grossisti, ai dettaglianti, ecc. coinvolti direttamente o indirettamente nel traffico di droga. A loro volta, i proventi di questo lucroso commercio vengono depositati nelle banche occidentali, che rappresentano un meccanismo chiave per il riciclaggio del denaro sporco. Una piccolissima percentuale va agli agricoltori e ai commercianti del Paese produttore. Va ricordato che il reddito netto degli agricoltori afghani è solo una frazione del miliardo di dollari stimato. Non sono compresi i pagamenti per i fattori di produzione agricoli, gli interessi sui prestiti ai finanziatori, la protezione politica, ecc. L'Afghanistan produce oltre il 70% dell'offerta mondiale di eroina, che rappresenta una parte significativa del mercato globale degli stupefacenti, il cui valore è stimato dalle Nazioni Unite in circa 400-500 miliardi di dollari.

Non esistono stime affidabili sulla distribuzione del commercio mondiale di stupefacenti tra le principali categorie:

> Cocaina, oppio/eroina,

> ➤ Cannabis, stimolanti di tipo anfetaminico (ATS),
> ➤ Altri farmaci.

I proventi del traffico di droga sono depositati nel normale sistema bancario. Il denaro sporco viene riciclato nei numerosi paradisi bancari offshore in Svizzera, Lussemburgo, Isole del Canale, Isole Cayman e in circa altri 50 luoghi del mondo. È qui che interagiscono le organizzazioni criminali coinvolte nel traffico di droga e i rappresentanti delle più grandi banche commerciali del mondo. Il denaro sporco viene depositato in questi paradisi offshore, controllati dalle grandi banche commerciali occidentali. Questi ultimi hanno un interesse personale a mantenere e sostenere il traffico di droga.

Una volta riciclato, il denaro può essere riciclato in veri e propri investimenti, non solo in immobili, hotel, ecc. ma anche in altri settori come l'economia dei servizi e l'industria manifatturiera. Il denaro sporco e segreto viene incanalato anche in vari strumenti finanziari, tra cui il trading di derivati, materie prime, azioni e titoli di Stato. La politica estera degli Stati Uniti sostiene il funzionamento di una fiorente economia criminale in cui il confine tra capitale organizzato e criminalità organizzata è sempre più labile.

Il commercio di eroina non "riempie le casse dei Talebani", come sostengono il governo statunitense e la comunità internazionale: tutt'altro! I proventi di questo commercio illegale sono la fonte di creazione di ricchezza, da cui traggono grande beneficio potenti interessi commerciali e criminali nei Paesi occidentali.

Questi interessi sono sostenuti dalla politica estera degli Stati Uniti. Le decisioni prese dal Dipartimento di Stato americano, dalla CIA e dal Pentagono contribuiscono a sostenere questo commercio multimiliardario altamente redditizio, il terzo per importanza dopo il petrolio e il commercio di armi.

L'economia afghana della droga è "protetta". Il commercio di eroina faceva parte del programma di guerra. La guerra ha ripristinato uno Stato narcotico compiacente, guidato da un fantoccio nominato dagli Stati Uniti.

I potenti interessi finanziari che si celano dietro i narcotici sono sostenuti dalla militarizzazione dei principali triangoli globali della droga (e delle rotte di trasbordo), tra cui la Mezzaluna d'Oro e la regione andina del Sud America (nell'ambito dell'Iniziativa Andina).

La coltivazione del papavero da oppio in Afghanistan

Anno	Produzione (in tonnellate)	Colture (in ettari)
1994	71,470	3,400
1995	53,759	2,300
1996	56,824	2,200
1997	58,416	2,800
1998	63,674	2,700
1999	90,983	4,600
2000	82,172	3,300
2001	7,606	185
2002	74,000	3,400
2007	88,000	4,000

Capitolo 3

La finta guerra della droga

N ella storia di tutte le nazioni, c'è un punto ben definito in cui si può tracciare un forte declino che porta all'inevitabile caduta. Questo è il caso dell'India, anche se risaliamo alla cultura di Harappa, all'invasione dell'India e alle grandi culture ariane create dagli Sciti e dagli Elleni sotto Alessandro Magno. I principali cambiamenti culturali che hanno rovinato le civiltà europee provengono da quattro vie principali.

> ➢ Dall'Asia occidentale all'Europa centrale e occidentale passando per la Russia.

> ➢ Dall'Asia Minore al Mediterraneo occidentale attraverso il Mar Egeo.

> ➢ Dal Vicino Oriente e dall'Egeo al Mediterraneo occidentale via mare.

> ➢ Dal Nord Africa alla Spagna e all'Europa occidentale.

Sia la civiltà greca che quella romana furono distrutte da queste correnti o da una loro combinazione. È certo che il movimento di massa delle persone e la diffusione di varie culture hanno avuto un ruolo importante nel plasmare il futuro delle nazioni. È evidente che questi movimenti di massa sono stati guidati da ragioni commerciali e politiche. Strani popoli e culture iniziarono a rivendicare "diritti" nell'antica Roma. Per ragioni politiche, i decadenti governanti romani accolsero queste richieste. Questo modello di movimento di massa delle persone per motivi politici non può essere tracciato più chiaramente che nella storia degli Stati Uniti d'America. Nel 1933, il presidente Franklin Delano

Roosevelt aprì le porte a un'invasione di popoli dell'Europa orientale la cui cultura era totalmente estranea a quella cristiana anglosassone, nordica alpina e germanica lombarda che costituiva la massa della popolazione degli Stati Uniti. Lo ha fatto per scopi puramente politici, sapendo che gli immigrati stranieri avrebbero votato per lui e per il suo partito.

Questa vasta ondata di persone socialmente e culturalmente non assimilate è il risultato di decisioni politiche prese dai cospiratori il cui obiettivo era distruggere l'America cristiana. Questa politica continua ancora oggi. Gli Stati Uniti vengono sommersi da popoli stranieri provenienti dall'Asia Minore, dall'Estremo Oriente, dal Vicino Oriente, dalle isole del Pacifico, dall'Europa orientale, dall'America centrale e meridionale, a tal punto che il declino e la caduta degli Stati Uniti, iniziati nel 1933, sono ormai ben avviati.

I cambiamenti culturali sono stati vasti, soprattutto a partire dal 1933. Con il preteso della "tolleranza" e dell'"internazionalismo", la popolazione cristiana occidentale degli Stati Uniti è stata costretta ad arretrare sotto le pressioni del "liberalismo". Il compromesso è diventato all'ordine del giorno. L'etica cristiana bianca che un tempo abbondava negli Stati Uniti ha cominciato ad annegare in un mare di idee non cristiane che, se lasciate incontrollate, faranno negli Stati Uniti, in un tempo relativamente breve, quello che è stato fatto a Roma.

Uno degli sforzi più diabolici per distruggere l'ethos cristiano occidentale di quelli che io chiamo gli indigeni d'America, cioè i cristiani bianchi, i cui antenati provenivano dall'Inghilterra, dall'Irlanda, dalla Scozia, dal Galles, dalla Germania, dalla Scandinavia, dalla Francia e dall'Italia, è stato lo scempio culturale compiuto dalla musica rock and roll, accompagnata dall'uso massiccio di droghe che creano dipendenza come la marijuana, le sostanze chimiche, l'eroina e la cocaina. Non dobbiamo mai cadere nella trappola di pensare che questi disastrosi cambiamenti culturali siano avvenuti per caso. Il caso non gioca alcun ruolo in questi sconvolgimenti. Questi sono fatti, e il fatto è che l'intero vasto cambiamento culturale dalla moralità cristiana alla decadenza pagana è stato accuratamente pianificato.

Nei numerosi libri che ho scritto, questi piani vengono messi a nudo e vengono forniti i nomi delle istituzioni, delle aziende, delle organizzazioni e degli individui che sono responsabili della terribile guerra contro l'America cristiana bianca. I miei libri includono i seguenti:

> Istituzioni e società dei cospiratori.

> La nobiltà nera smascherata.

> Chi sono i cospiratori?

> I leader nascosti dell'America.

> Nuova Era dell'Acquario.

Non è assolutamente tutto quello che ho fatto per denunciare la minaccia della droga. In tutte le mie oltre cinquecento monografie e cassette audio si parla di questo insidioso commercio e dei suoi responsabili. Attingendo alla loro vasta esperienza e alle ricchezze acquisite con il commercio dell'oppio in Cina nei secoli 18 e 19, le famiglie oligarchiche britanniche e i loro cugini americani hanno iniziato la loro offensiva sul fronte della droga contro l'America subito dopo la Seconda guerra mondiale. Vi ricordo che il lavoro di ricerca per la mia personale guerra alla droga è stato fatto principalmente sul posto e le mie informazioni sono state ricavate da rapporti con gli ex servizi di intelligence coinvolti nel monitoraggio del traffico di droga in diversi Paesi.

Negli anni Trenta, una certa autorità in materia di investimenti britannici all'estero, un certo Graham, scrisse che gli investimenti britannici in America Latina ammontavano a "oltre un trilione di sterline". Perché tanti soldi in America Latina? In una parola: droga. Di certo non si trattava di banane, anche se questo frutto ha avuto un ruolo nella copertura dei carichi di droga nascosti sotto i banani.

La plutocrazia che allora teneva i cordoni della borsa delle banche è la stessa che oggi gestisce il traffico di droga. Nessuno coglierà mai la nobiltà inglese con le mani sporche; essa ha le sue rispettabili facciate dietro le quali opera attraverso prestanome e organizzazioni come Frasers in Africa e Trinidad Leaseholds Ltd. nei Caraibi (grandi società britanniche registrate a Londra).

Durante il regno della Regina Vittoria, quindici membri del Parlamento inglese controllavano il vasto commercio in Cina e in America Latina, e tra questi c'erano Lord Chamberlain, Sir Charles Barry e Lord Palmerston. Così come il commercio dell'oppio in Cina era un monopolio britannico, il commercio di droga nei Caraibi, in America centrale e meridionale, in Medio Oriente e in Estremo Oriente divenne un monopolio britannico.

In seguito, per perseguire i loro obiettivi di distruzione culturale dell'America, alcune delle vecchie famiglie di "sangue blu" americane furono autorizzate a partecipare al commercio; Thomas Handiside Perkins, i Delano e i Richardson sono esempi di ciò che intendo. A partire dalla distribuzione da parte dei "missionari" della China Inland Mission, pesantemente finanziata dalla BEIC, l'oppio fu imposto alla popolazione cinese. La domanda è stata creata e poi soddisfatta dalla BEIC.

Il loro servitore, Adam Smith, lo chiamò "libero scambio". Quando il governo cinese cercò di opporsi alla trasformazione del suo popolo in tossicodipendente da oppio, la Gran Bretagna combatté due grandi guerre per fermare quella che chiamava "interferenza con il libero commercio".

Mentre studiavo a Londra, ho conosciuto il figlio di una famiglia missionaria che aveva servito nella Missione Interna della Cina. La sua famiglia era missionaria fin dal 19 secolo. Dopo aver stretto un'amicizia con una delle figlie che aveva prestato servizio in Cina, mi disse che tutti fumavano oppio e che era una tradizione che esisteva nella loro famiglia da generazioni.

Il commercio dell'oppio in Indocina è uno dei segreti meglio custoditi e dei capitoli più ignobili della storia dell'Europa occidentale. Non va dimenticato che la famiglia reale britannica ha le sue origini a Venezia, quel pugnale levantino nel cuore dell'Europa occidentale. Robert Bruce, che usurpò il trono scozzese, proveniva da Venezia e il suo vero nome non era

Bruce. Lo stesso si potrebbe dire della cosiddetta "Casa di Windsor", in realtà la Casa dei Guelfi Neri.

Come accennato in precedenza, dopo il successo in India e in Cina, la BEIC ha rivolto la sua attenzione agli Stati Uniti, e questo è uno dei motivi per cui abbiamo una cosiddetta "relazione speciale" con l'aristocrazia britannica, e in effetti molti dei nostri "leader" sono legati ai reali britannici. Franklin D. Roosevelt, George Herbert Walker Bush e Richard Cheney sono gli esempi che mi vengono in mente. Il lucroso commercio di droga che si è instaurato in Cina è uno dei peggiori esempi di sfruttamento della miseria umana a scopo di lucro.

Sotto la protezione della legge sullo spionaggio industriale, liberamente invocata dal governo svizzero, sono previste severe pene detentive se viene divulgato qualcosa sulle azioni di queste due società, o su qualsiasi altra società svizzera. In Svizzera, non fatevi prendere la mano se non siete pronti ad affrontare conseguenze molto spiacevoli! La retorica di persone come la signora Thatcher e George Bush, che in sostanza ci dicono di essere determinati a combattere la droga, può essere completamente ignorata.

La cosiddetta "guerra alla droga" è assolutamente falsa ai più alti livelli di governo. Non c'è nessuna guerra della droga in corso, né c'è mai stata. Solo quando i governi britannico e americano daranno la caccia ai vertici del traffico di droga, la loro proclamata "guerra" avrà un significato. Ciò significa arrestare persone come i Keswick, i Jardine, i Matheson e chiudere banche come la Midland Bank, la National and Westminster Bank, la Barclays e la Royal Bank of Canada. Non cito questi nomi dell'alta società britannica con leggerezza.

Già nel 1931, i dirigenti di queste società e banche furono nominati pari del regno. Fu la stessa Regina d'Inghilterra a concedere una protezione speciale alle cinque principali società di commercio di farmaci in Inghilterra. Grazie a un amico fidato, ho avuto accesso ai documenti del defunto Frederick Wells Williamson, l'amministratore degli India Papers. Quello che ho visto mi ha scioccato. L'elenco delle famiglie "nobili" inglesi ed europee coinvolte nel traffico di droga provocherebbe una tempesta di indignazione in Gran Bretagna e in Europa se le vipere incoronate venissero mai rivelate.

Dopo la Seconda guerra mondiale, un'ondata di eroina minacciava di sommergere il mondo occidentale, con particolare attenzione al Nord America. Questo commercio era gestito e finanziato da persone altolocate. Il KGB lo usava come arma contro l'Occidente sotto gli ordini e la direzione del defunto Yuri Andropov. Forniti e finanziati dal KGB, gli impianti di produzione di cocaina ed eroina sono stati creati a Cuba, sotto la direzione di Raoul Castro, fratello di Fidel Castro.

Questi fatti sono noti al governo statunitense, che non è mai stato in grado di fare nulla per disattivare le strutture cubane e le politiche sembrano lasciare Cuba "intoccabile". Galen, la famosa autorità in materia di eroina, dovrebbe essere letto da chiunque voglia avere una chiara comprensione di cosa sia l'eroina e di cosa faccia al corpo umano. I primi consumatori di oppio (da cui deriva l'eroina) furono probabilmente gli antichi Moghul dell'India, la cui dinastia durò dal 1526 al 1858 e la cui civiltà crollò con l'aumento della produzione di oppio e del potere britannico.

Una mappa dell'India che ho ottenuto dagli India Papers, India House, Londra, mostra le aree in cui venivano coltivati i papaveri da oppio e corrisponde all'acquisizione del territorio da parte degli inglesi a partire dal 1785, lungo tutto il bacino del Gange, del Bihar e del Benares. L'oppio di migliore qualità proveniva dai papaveri coltivati in queste zone. È semplicemente incredibile ciò che i signori dell'oppio britannici, l'establishment al potere in Inghilterra, sono stati in grado di realizzare in India.

I reali e i loro parenti chiamavano questo commercio fantasticamente lucrativo "il bottino dell'Impero". I documenti dell'India House, chiamati Miscellaneous Old Records, si sono rivelati una miniera di informazioni per me. Questi documenti mostrano il totale coinvolgimento degli alti funzionari del governo britannico, della famiglia reale e dell'oligarchia, nel commercio dell'oppio in Cina.

Questi documenti dimostrano che la "nobiltà" e l'"aristocrazia" britannica hanno accumulato "fortune immediate". Gli stranieri, come William Sullivan, processato per aver fatto una "fortuna istantanea" non autorizzata a spese della Compagnia britannica delle Indie orientali, si trovarono presto in guai seri. I direttori della Compagnia britannica delle Indie orientali erano membri di spicco del partito conservatore, tra cui Lord Palmerston e altri. Avevano i loro passaporti della Compagnia britannica delle Indie orientali, che diventavano necessari se si voleva viaggiare in Cina.

I signori e le signore che possedevano la Compagnia britannica delle Indie orientali tentarono per la prima volta di introdurre l'oppio in Inghilterra nel 1683, ma non riuscirono a convincere i robusti nobili e la classe media a diventare dipendenti. Così i plutocrati e l'oligarchia hanno iniziato a cercare un mercato.

Si è tentato con la penisola arabica, ma anche questo è fallito, grazie agli insegnamenti del profeta Maometto. Così si sono rivolti alla Cina e alle sue masse brulicanti, così convenientemente vicine al Bengala. Solo nel 1729 il governo cinese tentò di approvare leggi anti-opium, mettendo la Cina in rotta di collisione con la Gran Bretagna. L'aristocrazia britannica e la sua struttura oligarchica sono molto difficili da penetrare. Per chi non ha una formazione specifica, questo compito è impossibile. La stragrande maggioranza dei leader politici britannici di una certa importanza sono imparentati tra loro, con i cosiddetti titoli che vengono assunti dal figlio maggiore alla morte del membro più anziano della famiglia, e praticamente tutte queste famiglie sono nel traffico di droga, ovviamente in modo indiretto.

Questo dettaglio potrebbe risultare un po' noioso. So che l'ho trovato tale mentre leggevo montagne di documenti a Londra e registravo le informazioni nel mio stock di quaderni. Quando non mi è stato permesso di prendere appunti, la mia speciale macchina fotografica "spia" mi è stata utile. Vi fornisco queste informazioni, che hanno richiesto molte ricerche, perché riguardano profondamente gli Stati Uniti d'America.

Questo fa parte della copertura della "relazione speciale" che lega le nostre "famiglie nobili" del traffico di droga ai loro "cugini" britannici. Questa "relazione speciale" ha mascherato una situazione spiacevole in cui un elemento estraneo che si è insinuato nell'aristocrazia britannica è stato ereditato dai cugini americani.

Prendiamo il caso di Lord Halifax, ambasciatore britannico a Washington, che, a tutti gli effetti, assunse il controllo della politica estera degli Stati Uniti prima e durante la Seconda guerra mondiale, compresa la supervisione di tutte le capacità di intelligence degli Stati Uniti. Suo figlio, Charles Wood, sposò una certa Miss Primrose, parente di sangue dell'orribile e spregevole Casa Rothschild, con nomi come Lord Swayling e Montague associati alla Regina Elisabetta; azionista di maggioranza della Shell Company. Collego tutte queste persone e le loro istituzioni al traffico di droga.

Uno degli antenati di questa nidiata era Lord Palmerston, forse uno dei primi ministri britannici più rispettati di tutti i tempi. Si rivelò anche il principale istigatore del commercio dell'oppio in Cina. Queste "vipere coronate" permisero ai loro "cugini" britannici in America di partecipare a questo commercio quando dovettero spostare grandi scorte di oppio nell'interno della Cina. Il commissario cinese Un, ha osservato:

> A bordo delle navi inglesi ora in viaggio (Macao) c'è così tanto oppio che non sarà mai restituito al Paese da cui proviene. Si sta per fare una vendita qui sulla costa e non mi sorprenderà sapere che viene contrabbandato (in Cina) con i colori americani.

Il Commissario Uno non è mai vissuto per scoprire quanto fosse accurata la sua previsione e cosa ha portato indirettamente all'infestazione di droga negli Stati Uniti. Dobbiamo esaminare come noi, il pubblico, veniamo ingannati e tenuti all'oscuro di ciò che sta accadendo.

Una cosa di cui possiamo essere certi è che, dopo aver letto questo libro, nessuno avrà dubbi sul fatto che gli sforzi degli Stati Uniti per arginare il flusso di droga in questo Paese e porre fine al commercio di droga sono fatalmente sbagliati, e che questi errori e fallimenti sono deliberati.

Il nostro governo non vuole che il traffico di droga si esaurisca. I potenti, coloro che controllano i "nostri" rappresentanti al Congresso, hanno da tempo decretato che qualsiasi guerra alla droga sarà una guerra di facciata. Due membri chiave del governo si sono dimessi a causa di questa mancanza di volontà di fare qualcosa ai vertici della cosiddetta guerra alla droga. Un procuratore generale è stato costretto a dimettersi perché ritenuto colluso con il governo messicano, proteggendolo ai massimi livelli. Un presidente è stato costretto a lasciare il suo incarico perché ha osato cercare di affrontare i responsabili del traffico di droga. Gli inglesi hanno spostato il loro commercio di oppio da Canton a Hong Kong e poi a Panama, ecco perché era così importante mettere fuori gioco il generale Noriega, in modo permanente.

L'eroina passava dall'Afghanistan al Pakistan, attraverso la desolata costa di Maccra e il Mar Rosso, fino a Dubai, dove veniva scambiata con l'oro. Veniva dal Libano, dalla Valle della Bekka controllata dai siriani, il che spiega perché le forze armate siriane hanno occupato il Libano per così tanto tempo; veniva dal Triangolo d'Oro della Birmania e della Thailandia, e dalla Mezzaluna d'Oro dell'Iran, il che spiega perché lo Scià è stato prima deposto e poi assassinato quando ha scoperto cosa stava accadendo e ha cercato di fermarlo.

Questa vera e propria guerra della droga contro gli Stati Uniti fa parte della cospirazione del governo mondialista, una cospirazione che affonda le sue radici nel Comitato dei 300. La storia delle droghe è antica quanto la storia dell'uomo stesso. La cospirazione per rovesciare tutti i governi e le religioni esistenti è uno sforzo tripartito: spirituale, economico e politico. La droga è la sua arma principale. Lo gnosticismo è la controforza del cristianesimo. La Regina d'Inghilterra è gnostica, così come suo marito, il Principe Filippo. Include il libero uso di droghe, il culto della madre, della dea terra, della teosofia e dei Rosacroce, che gestivano le bande di oppiomani cinesi note come "Triadi". Le "Triadi" si rifornivano di oppio dai magazzini delle navi britanniche e poi costringevano i proprietari terrieri cinesi ad aprire delle fumerie d'oppio.

Alistair Crowley era il modello del demone della droga nella società vittoriana britannica. Qui è nato il "rock and roll", attraverso il Tavistock Institute, che ha creato "rock band" per diffondere l'uso di LSD, marijuana e, più tardi, cocaina. Forse non lo sappiamo, ma band decadenti come i Rolling Stones godono del patrocinio delle principali famiglie britanniche e della famiglia oligarchica tedesca dei Von Thurn und Taxis. Le venerate famiglie nobili britanniche sono state a lungo nel business della droga attraverso la Hong Kong and Shanghai Bank, affettuosamente nota come "Hongshang Bank". L'attività della Hong Kong and Shanghai Bank è la droga, pura e semplice. È da queste famiglie nobili che nacque il complotto per assassinare Abraham Lincoln e successivamente John F. Kennedy. Il loro dominio sugli Stati Uniti è totale, agendo attraverso le loro istituzioni e società, organizzazioni religiose "ritagliate". La famiglia reale d'Inghilterra è la vera proprietaria dell'impero dei liquori Bronfman.

Durante l'epoca del proibizionismo, i Bronfman erano i maggiori contrabbandieri di alcolici dal Canada agli Stati Uniti. Gli americani non devono mai dimenticare che questi uomini potenti e le loro aziende sono responsabili del vasto fiume di droga in cui l'America sta letteralmente annegando. Il nostro principale cane da guardia è il Royal Institute for International Affairs (RIIA). Il presidente di Morgan Guarantee è anche membro del consiglio di amministrazione del RIIA.

Altri membri del Consiglio di amministrazione di Morgan fanno parte del Consiglio di amministrazione della Hong Kong and Shanghai Bank.

Lord Cato fa parte del "Comitato di Londra" della Hong Kong and Shanghai Bank. È la RIIA, attraverso una rete di aziende, istituzioni e banche, a essere responsabile della minaccia globale della droga. È stata la RIIA a insediare Mao Tse Tung al potere in Cina e a fare di Hong Kong la principale piazza commerciale dell'oppio e dell'oro del mondo, posizione che ha mantenuto fino alla recente espansione di Dubai. Qualche tempo fa ho scritto della fine del traffico di droga in Australia e ho menzionato la sua metodologia. Ho ricevuto una lettera da un uomo che mi ha detto di essere stato un corriere per una delle più grandi società di riciclaggio di denaro e che le mie informazioni erano molto accurate.

La società australiana era controllata dall'Inghilterra. Ho già menzionato la minaccia fatta da Chou En-Lai al presidente egiziano Nasser. Entrambi sono deceduti, ma ciò che ha detto il leader cinese merita di essere ripetuto:

> Alcuni di loro (le truppe statunitensi in Vietnam) stanno provando l'oppio. Noi li aiutiamo. Vi ricordate quando l'Occidente (cioè gli inglesi) ci ha imposto l'oppio? Ci hanno combattuto con l'oppio. E ora li combatteremo con le loro stesse armi. L'effetto che questa demoralizzazione avrà sugli Stati Uniti sarà molto più grande di quanto si pensi.

Questa conversazione è stata registrata nel giugno 1965 da Mohammed Heikel, stimato ex direttore del quotidiano egiziano *Al Ahram*. Le banche offshore, note per il riciclaggio di denaro sporco e affiliate al Royal Institute of International Affairs, sono sparse in tutto il mondo. Ecco un elenco dei Paesi in cui si trovano:

Singapore	14
Bahamas	23
Antigua	5
Indie Occidentali	10
Bermuda	5
Trinidad	6
Cayman	22

Panama   30

Da questo elenco sono escluse le banche RIIA controllate dalla Cina. Per un elenco di questi ultimi, è possibile consultare il Polk's Banking Directory. Gli elenchi di nomi di persone importanti riempirebbero pagine. Basti pensare che tra loro ci sono i personaggi più in vista della società britannica, come Sir Mark Turner, che controlla le principali banche della famiglia reale britannica, tra cui la Royal Bank of Canada. Fu l'ambiente di Turner a cospirare con il re Giorgio III per danneggiare i coloni americani. Il più grande commercio di oppio in cambio di oro è stato condotto a Dubai dalla British Bank of the Middle East. La quantità di oro scambiata a Dubai ha superato quella venduta a New York. Questa operazione è nelle mani di Sir Humphrey Trevelyn.

Il prezzo mondiale dell'oro viene "fissato" ogni giorno negli uffici di N.M. Rothschild, a St. Swithins Court, Londra. Si basa esclusivamente sul prezzo dell'oppio. Negli uffici di N.M. Rothschild si riuniscono i rappresentanti della Anglo American Company of South Africa di Harry Oppenheimer, della Moccato Metals, della Johnson Matthey Kleinwart Benson, della Sharps, della Pixley Wardley e i membri del Comitato di Londra della Hong Kong and Shanghai Bank.

Tra di loro, queste compagnie e i loro rappresentanti riflettono l'organo di controllo del commercio dell'oppio e dell'eroina, sia per quanto riguarda la quantità da coltivare, il prezzo da pagare e, al contrario, il prezzo dell'oro; chi deve commerciare; dove; e in quali quantità.

Se tentano di introdursi, gli "stranieri" vengono rapidamente segnalati alla rete di polizia privata di David Rockefeller, nota come "Interpol", con il conseguente sequestro di quantità relativamente piccole di droga. Questi sequestri sono salutati dalla stampa mondiale come "importanti vittorie" nella falsa guerra alla droga. Il commercio all'ingrosso di eroina e cocaina passa attraverso le seguenti principali banche. Finora nessun governo ha osato perseguirli, anche se le prove delle loro attività nefaste abbondano:

U.S.A.

- La Banca di Nuova Scozia
- Rivenditori di diamanti Harry Winston
- Metalli Mocatto
- Metalli N.M.R.
- Loeb Rhodes
- Minerali Engelhard
- Banca Dadeland
- Prima Banca di Boston
- Credit Suisse

CANADA

- La Royal Bank of Canada
- Noranda Sales Corporation
- Banca Imperiale di Commercio Canadese
- Banca della Nuova Scozia
- Hong Kong. Sharp Pixlee Wardley
- Società Inchcape
- Carta consolidata
- Banca di Hong Kong e Shanghai
- Banca Standard e Chartered
- Banca cinese d'oltremare
- Jardine Matheson
- Sime, Darby
- Banca di Bangkok

MEDIO ORIENTE

- La Banca britannica del Medio Oriente
- Banca internazionale Barclays, Dubai
- Barclays Discount Bank
- Banca d'Israele Leumi
- Banca Hapolum dell'India

PANAMA

- Bancoiberia America
- Banconacional de Panama

INGHILTERRA

- Banca nazionale di Westminster
- Banca delle Midlands
- Banca Barclays

Panama è importante nel mondo della droga, in quanto è stata fondata come zona di commercio della cocaina. A questo scopo sono state aperte grandi banche commerciali. L'uomo forte Omar Torrijos è stato messo al comando, ma quando ha cambiato affiliazione è stato "licenziato".

Quando il generale Noriega, in base a un mandato dell'USDEA che credeva di aver ricevuto, iniziò a smantellare l'impero bancario della droga di Rockefeller a Panama, fu rapito da un contingente militare di 7.000 uomini sotto il comando del presidente G.W.H. Bush e portato a Miami per essere processato come un importante "trafficante di droga". Ne ha pagato il prezzo venendo "giudizialmente" condannato a una prigione da cui non uscirà mai.

Il Presidente Nixon pensava di essere abbastanza grande per affrontare il traffico di eroina attraverso la Francia. Scoprì di essersi sbagliato e perse la presidenza a causa del suo audace tentativo di sconvolgere il "legame speciale" tra Gran Bretagna e Stati Uniti.

La Corporation possiede ancora circa 200 tonnellate di pasta di cocaina, mentre è noto che Pato Pizzaro, al suo apice, muoveva centinaia di milioni di dollari attraverso le banche panamensi. Pizzarro era a capo della "Corporazione", un'entità boliviana, finché non è stato assassinato per ordine del cartello di Medellin per aver cercato di "spodestarlo". Un uomo che sapeva tutto ciò che stava accadendo a Panama, ma non lo riferì, era Alfredo Duncan, l'agente della DEA in carica presso l'ambasciata statunitense. Alfredo Duncan è stato il principale responsabile della fuga di Remberto, l'uomo incaricato del riciclaggio di denaro per "The Corporations", uno dei più importanti finanziatori della rete boliviana che opera a Panama.

La rete è stata creata da David Rockefeller come principale banca della cocaina, proprio come gli inglesi avevano creato Hong Kong per il commercio di eroina. Remberto è stato attirato a Panama. Attese un presunto accordo, ma quando Edwin Meese, allora procuratore generale, avvertì il governo messicano di ciò che stava per accadere, Remberto riuscì a fuggire, evitando l'arresto. L'agente incaricato, Alfredo Duncan, ricevette decine di telegrammi dalla DEA di Washington che gli ordinavano di arrestare Remberto. Quando fu chiaro che l'uccello era volato, l'agente della DEA Alfredo Duncan incolpò la CIA, sostenendo che lo aveva "portato (Remberto) sull'isola di Contadora". È stato così vanificato quello che avrebbe potuto essere un importante trionfo per la guerra alla droga. Invece, è finita in un fiasco di ordini bloccati o ignorati. Si ha la netta impressione che Remberto sia stato lasciato scappare di proposito.

Nella tanto decantata e terribilmente costosa "Operazione Snowcap", la DEA doveva andare nella giungla boliviana e smantellare gli enormi laboratori di cocaina. Fin dall'inizio, l'"Operazione Snowcap" è stata una farsa fraudolenta, apparentemente progettata per far credere al Congresso e al popolo americano che la DEA stesse avendo un grande successo in questa guerra fasulla. "L'operazione Snowcap è stata come la guerra del Vietnam. Gli Stati Uniti non hanno alcuna intenzione di vincere. Non osiamo, la partita è troppo importante. Questa finta guerra alla droga è piena di inganni, bugie e ipocrisia. In breve, è uno spreco di tempo e di denaro dei contribuenti, una crudele bufala, totalmente priva di significato. Come il governo degli Stati Uniti era disposto a sacrificare le vite dei suoi soldati in Vietnam, sapendo che non avevamo alcun interesse a sconfiggere il nemico, così il governo era disposto a sacrificare le vite dei giovani agenti della DEA, molti dei quali sono morti in servizio durante l'operazione Snowcap.

Il tenente colonnello Oliver North è stato a lungo sospettato da un membro del Senato degli Stati Uniti. Le informazioni in mio possesso sulle sue azioni per sventare un'operazione di droga in Colombia mi portano a credere ancora di più che il nostro governo non avesse alcuna intenzione di vincere la tanto sbandierata "guerra alla droga".

In diverse mie monografie sulle droghe, ho parlato diffusamente del Cartello di Medellin e dei baroni della cocaina colombiani. A questo proposito, a rischio di "pubblicità", dirò che sono stato in prima linea nella divulgazione del nome "Cartello di Medellin" e di tutto il traffico di cocaina colombiano in generale.

Contrariamente a quanto si crede, la maggior parte della cocaina non viene lavorata in Colombia, ma proviene dalla Bolivia. I dati ufficiali della DEA mostrano che il 97% della cocaina proviene dalla Bolivia. Il motivo per cui la Colombia riceve tutta l'attenzione è che i boliviani non sono un popolo violento e difficilmente lasciano la Bolivia per vendere. Se vuoi comprare cocaina, devi andare in Bolivia.

Nel caso di Oliver North, Bobby Seale, un agente sotto copertura che era penetrato nel cartello di Medellin, credeva che North stesse in realtà corrompendo Daniel Ortega, leader dei Sandinisti. Ha passato le informazioni alla DEA, che le ha fornite a North. North ha avuto un'occasione d'oro per far valere le proprie ragioni. Invece, ha scelto di mettere in dubbio le informazioni fornite da Seale, la cui storia dimostrerebbe che è stato il più efficace agente sotto copertura della DEA in Colombia. North disse poi alla DEA che voleva che Seale passasse del denaro ai Contras.

Non sono mai riuscito a capire perché North abbia voluto togliere a Seale il suo ruolo dinamico: si trattava di un uomo che stava davvero combattendo la guerra alla droga per la nostra parte. Quando Seale rifiutò di essere distaccato a North, fece trapelare la storia di Seale alla stampa. Qual è stato il risultato? La migliore operazione della DEA è stata distrutta e Seale è stato ucciso da sicari del cartello di Medellin, dopo essere stato privato della protezione e aver reso pubblico il suo indirizzo per ordine di un giudice. Non mi credi? Dopo la mia rivelazione, è stato girato un film in cui la storia è descritta esattamente come l'avevo descritta io 4 anni prima che Seale fosse assassinato. Non voglio giudicare il tenente colonnello North, ma la diffusione della storia di Seale agli sciacalli dei media americani è un tradimento paragonabile al modo in cui il *New York Times* fece trapelare i nostri codici satellitari all'Unione Sovietica attraverso uno dei suoi giornalisti, Richard Burt. Come minimo, North deve dare molte spiegazioni. A mio parere, North è solo un gradino sopra un "dirt bag", il termine gergale per indicare un informatore. La morte di Bobby Seale è stata una perdita molto grave. Senza le udienze sull'Iran-Contra, questo evento deplorevole probabilmente non sarebbe stato riportato.

A mio parere, la "fuga di notizie" dal Nord non è stata un incidente e certamente non è un caso isolato. Non è l'unica volta che è emersa la prova che il nostro governo non è completamente in guerra contro la droga. In un altro caso colombiano che coinvolge il cartello di Medellin, uno dei suoi principali fornitori boliviani, Roberto Suarez, ha perso 850 libbre di cocaina e due dei suoi principali scagnozzi, arrestati in un raid a Miami. Suarez aveva un reddito di un milione di dollari al giorno, e si trattava di un reddito costante a quel livello. Era più il leader della Bolivia che il suo presidente.

Personaggi di alto livello del governo latinoamericano sono comparsi ripetutamente nella documentazione di questo caso. Poco dopo l'arresto di due dei principali "diplomatici della droga" di Suarez, è stato lanciato il più terrificante dei golpe contro il governo boliviano, sostenuto dalla DEA e dalla CIA. Il colpo di Stato è riuscito, costando migliaia di vite e facendo della

Bolivia il principale fornitore di cocaina della Colombia. Forse è per questo che le accuse contro i due "diplomatici della droga" di Suarez arrestati a Miami sono state ritirate e la cauzione del terzo uomo è stata misteriosamente ridotta, permettendo loro di tornare a casa lo stesso giorno.

Ricordate, non si trattava di piccoli spacciatori come quelli di NBC Nightly News. Questi uomini erano ai vertici del cartello della droga, quindi non hanno avuto problemi a pagare la cauzione e a lasciare gli Stati Uniti. Chi ha una fiducia ingiustificata nel nostro governo e nel nostro presidente può credere che si sia trattato solo di un incidente, ma con centinaia di casi simili andati male, come possiamo fidarci del nostro governo? A quanto pare, non sono l'unico ad avere dei sospetti. L'ex commissario delle dogane William von Raab una volta disse che il suo dipartimento era più interessato ai casi di contrabbando di pappagalli che a perseguire i grandi trafficanti di droga.

Von Raab è stato bersaglio del veleno del Congresso quando ha denunciato l'intero governo messicano come corrotto. I fatti e le circostanze sembrano confermare le gravi accuse di Von Raab. Il Messico risponde abitualmente alle accuse di coinvolgimento dei suoi alti funzionari nel traffico di droga dicendo: "Dateci le prove, così potremo indagare sulle vostre accuse". Ogni volta che si presenta l'opportunità di fornire prove, forze misteriose all'interno del nostro governo intervengono e ostacolano l'azione.

Uno di questi casi riguardava un certo Hector Alvares, membro dell'ufficio stampa dell'ex presidente Salinas de Goltari. Alvares e un altro prestanome, Pablo Giron, dissero a un agente della DEA sotto copertura, che si fingeva un importante acquirente di cocaina, che poteva accordarsi con il governo messicano per spostare carichi di cocaina boliviana attraverso il Messico fino agli Stati Uniti. Questo durante le discussioni preliminari per un "acquisto" di cocaina di base boliviana. Giron ha detto di avere una linea diretta con il generale messicano Poblana Silvo, che avrebbe dato seguito alla sua telefonata (di Giron).

Giron disse a un agente della DEA (che giurò) di essere molto vicino a Salinas de Gottari. Un informatore della dogana ha anche giurato che gli era stato detto che Alvarez faceva parte di una scorta dei servizi segreti incaricata di proteggere il presidente eletto Goltari. In questa particolare proposta di "acquisto" erano coinvolte sedici tonnellate di cocaina. Si trattava di un'operazione totalmente separata dall'Operazione Snowcap. Durante le discussioni a Panama, Alfredo Duncan, l'agente della DEA in carica a Panama, informò alcuni agenti della DEA e della dogana che il generale Manuel Noriega era "un uomo della DEA". Ciò è stato confermato almeno tre volte nelle lettere di John Lawn, capo della DEA a Washington.

Altre due persone coinvolte con Alvarez erano i boliviani Ramon e Vargas, proprietari di un laboratorio di cocaina in Bolivia che produceva regolarmente 200 chili di cocaina al mese. Alla fine, gli "acquirenti" della DEA, un pilota a contratto e un funzionario doganale, si sono guadagnati la fiducia dei boliviani e sono stati invitati a ispezionare la loro struttura nel profondo della giungla boliviana. Ciò che hanno trovato li ha lasciati sbalorditi e meravigliati.

Hanno scoperto sette piste di atterraggio in grado di gestire 747, oltre a laboratori sotterranei molto grandi ed edifici di supporto, un complesso incredibile, sorvegliato da truppe pesantemente armate. L'affare in cui erano coinvolti prevedeva l'acquisto di 5.000 tonnellate di cocaina. Eppure, in tutti gli anni in cui Snowcap ha operato, la DEA non si è mai avvicinata alla struttura boliviana.

Quando l'agente segreto chiese a Ramon e Vargas se non avessero paura dell'Operazione Snowcap, i due si misero a ridere. Ramon e Vargas avevano buone ragioni per essere pieni di ilarità. L'operazione "Snowcap" è stata un incubo burocratico. Sono state inviate in Bolivia tutte le attrezzature sbagliate, la maggior parte delle quali inutili, e molti altri "errori", secondo Vargas. Nessuno in Bolivia era minimamente preoccupato dall'operazione Snowcap. Gli aerei assegnati a Snowcap non avevano la portata necessaria per raggiungere le installazioni nella giungla e i pochi elicotteri erano del tutto inadeguati al compito. Si è trattato di un altro dei tanti "errori"?

Non credo che si tratti di un semplice errore burocratico. Dalle informazioni che ho raccolto, sembra che questi "errori" siano stati un sabotaggio deliberato. Da un lato, la potenza di fuoco degli agenti della DEA non poteva sperare di eguagliare le capacità di tipo militare della "Corporation".

Nel 1988, la DEA ha speso cento milioni di dollari per l'operazione Snowcap. Cosa abbiamo ottenuto in cambio? Circa quindicimila chili di cocaina parzialmente lavorata!

Anche se può sembrare molto, rispetto alla capacità produttiva di The Corporation era una goccia nel mare. Ricordiamo che i quindicimila chili rappresentavano meno di tre mesi di produzione di cocaina boliviana. Perché non abbiamo semplicemente comprato la cocaina a un prezzo molto più basso - cosa che avremmo potuto fare - come l'agente segreto aveva implorato tutti a Washington di poter fare?

La risposta è che la DEA si è rifiutata di investire in un acquisto che non solo avrebbe fruttato un'enorme quantità di cocaina completamente lavorata, ma anche quattro dei principali leader della "Corporation" boliviana. Avrebbe inoltre fornito agli Stati Uniti le prove, finora mancanti, del coinvolgimento del governo messicano ai massimi livelli.

- Perché la DEA si è rifiutata di pagare il denaro?

- Perché l'assistente del procuratore degli Stati Uniti a San Diego si rifiutò di concedere un'intercettazione che avrebbe portato al generale messicano Poblano Silva, che Giron stava per chiamare al telefono e coinvolgere in un massiccio acquisto di cocaina?

- Perché il procuratore generale Edwin Meese chiamò il procuratore generale messicano per avvertirlo dell'imminente operazione della DEA che avrebbe coinvolto il generale Poblano Silva in un importante piano di distribuzione di cocaina in Bolivia?

- Il commissario delle dogane William von Raab si sarebbe dimesso in segno di disgusto per l'avvertimento telefonico di Meese - E che dire della nostra "guerra alla droga" in Colombia?

Come si comportano gli Stati Uniti in questo paese? La risposta è che abbiamo fatto molto peggio in Colombia che in qualsiasi altra parte del mondo, nonostante i milioni di dollari versati nella "guerra della droga" solo in quel Paese. Il presidente G.H.W. Bush non ha fatto nulla di significativo in Colombia. Il 25 febbraio 1991, il presidente colombiano Cera Gaviria dichiarò che il suo governo avrebbe tenuto colloqui di pace con i narcotrafficanti e i loro amici terroristi.

Le cosiddette "iniziative di pace" non sono altro che una capitolazione totale alle richieste dei signori della droga colombiani. Non si parlerà più di estradizione negli Stati Uniti. Questo è stato il risultato di una visita di cinque giorni di Gaviria a Washington, durante la quale l'amministrazione Bush ha approvato la capitolazione ai baroni della cocaina. Bush ha definito il piano "coraggioso ed eroico". Gli anni spesi per raccogliere prove concrete contro i signori della droga sono ormai privi di valore; sono stati compromessi in modo tale da non poter essere utilizzati in tribunale.

Bobby Seale, tra gli altri, è morto invano. Con l'approvazione dell'amministrazione Bush, i guerriglieri dell'M19 (terroristi delle FARC e dell'ELN) e i loro boss della cocaina avevano il controllo completo dei 33 delegati che lavoravano a una nuova costituzione per la Colombia. In totale, circa 77 delegati hanno ricevuto questa responsabilità.

I baroni della cocaina si fanno apertamente beffe della DEA e del servizio doganale statunitense, e non c'è da stupirsi. Ora si divertiranno in Colombia, avendo poco da temere dal loro governo impotente, per non parlare di Washington. Secondo una copia del quotidiano *El Spectator* del 18 febbraio 1992, che ho ricevuto e tradotto dallo spagnolo, questo giornale sembra essere l'unico con abbastanza coraggio da parlare contro la capitolazione di Gaviria e Bush:

Sotto la pressione del ricatto e del crimine, lo Stato si astiene dall'esercitare la sua responsabilità fondamentale di proteggere la vita umana e accetta di negoziare, uno per uno, i principi giuridici che sono alla base dell'esistenza stessa dello Stato. La rivendicazione di Bush di una vittoria nell'inesistente "guerra della droga" è fuorviante. Se la questione non fosse così seria, le statistiche dell'amministrazione sarebbero uno scherzo di cattivo gusto. Nel febbraio 2004, l'amministrazione Bush ha pubblicato il rapporto sulla Strategia nazionale di controllo della droga, preparato dal nuovo capo della droga della Casa Bianca, l'ex governatore della Florida Bob Martinez. Martinez ottenne l'incarico dopo che William Bennett perse la sua guerra con il procuratore generale Thornburgh. Questo è solo un altro delle migliaia di casi di posti di lavoro per compari.

L'ex governatore John Ellis Bush (Jeb Bush), figlio di G.W.H. Bush e fratello di George W. Bush, ha fatto parte dello staff dell'ex governatore Martinez come Segretario al Commercio. Jeb Bush aveva in realtà grossi problemi, che non sono mai emersi. Il suo nome nella vendita di cocaina al governo del Nicaragua era nel rapporto a cui il tenente colonnello North non credeva - e che riuscì a insabbiare. Il documento di Bush, profondamente lacunoso, è pieno di statistiche falsificate. Gli agenti della DEA l'hanno definita in privato "spazzatura totale".

Quando John Lawn era ancora a capo della DEA, lui e i suoi agenti erano molto divertiti dalla dichiarazione di Reagan secondo cui la guerra alla droga "ha svoltato". John Lawn non c'è più, ma il ricordo della disfatta permane. L'amministrazione Bush ha sottolineato con orgoglio i 65 milioni di dollari di aiuti d'emergenza dati alla Colombia per la sua "guerra alla droga".

Il Maggiore Generale Miguel Gomez Padilla della Polizia Nazionale Colombiana ha dichiarato che il materiale inviato era quello sbagliato e che l'aiuto era adatto alla guerra convenzionale, ma totalmente inutile "nel tipo di guerra che stiamo combattendo".

L'America può essere così stupida? Non credo. È più probabile che quanto accaduto con il pacchetto di aiuti colombiano sia stato un atto di sabotaggio deliberatamente pianificato.

Dopo vent'anni di esperienza nella guerra alla droga in Colombia, si potrebbe immaginare che il nostro governo abbia accumulato abbastanza conoscenze per sapere che tipo di equipaggiamento è necessario. Le relazioni sulla strategia in materia di droga non hanno fornito informazioni sulla disponibilità di droghe, né sul numero di consumatori accertati. Né hanno affrontato la questione più cruciale di tutte, ovvero la ricerca del consumatore, che gli agenti della DEA hanno a lungo sostenuto come la tattica con maggiori probabilità di successo.

Non c'è da stupirsi che il governo degli Stati Uniti non parli molto dell'enorme aumento del consumo di droga! Con la marijuana diventata la principale coltura da reddito in 37 Stati, come si potrà fermare questo "business"? Sarà interessante vedere cosa succederà quando la marijuana senza semi, potente e di alta qualità chiamata "sinsemellia" inizierà a essere coltivata negli Stati Uniti.

Finché il prezzo della cocaina supera quello dell'oro (5.000 dollari al chilo) e il prezzo dell'eroina è sei volte quello di un peso equivalente di oro, sarà impossibile sradicare il traffico di droga, almeno se la corruzione ai vertici si diffonderà tra i ranghi delle agenzie antidroga.

La DEA è piena di conflitti. Creata nel 1973 dal Presidente Nixon per evitare conflitti tra il Bureau of Narcotics and Dangerous Drugs e il Bureau of Customs, oggi le gelosie e i conflitti tra la Dogana e la DEA sono più numerosi che mai. Il morale è inesistente. Dove andiamo a finire? Non che un altro rimpasto possa fare la differenza. Finché il problema non sarà affrontato dall'alto, tutti gli sforzi per arginare il flusso di droga negli Stati Uniti vacilleranno e falliranno. Per una vera guerra, bisogna colpire le persone che occupano le più alte cariche del Paese, e colpirle duramente. Non ho idea di chi sarà abbastanza coraggioso da assumersi questo compito, ma di certo abbiamo bisogno di un leader senza paura.

L'amministrazione ha perso il controllo, non conosce l'entità del problema della droga nel Paese. Il Drug Abuse Warning Network riferisce che le overdose non stanno diminuendo, come sostiene l'amministrazione Bush; non sono state segnalate perché i budget degli ospedali sono stati tagliati così tanto che non ci sono i soldi per assumere il personale necessario a monitorare i casi di overdose.

E che dire di Panama, visto che il sequestro del generale Noriega ha reso il territorio sicuro per il traffico di droga? Ricordo che nel 1982 riferii che il Banco Nacional de Panama aveva aumentato il suo flusso di dollari di quasi il 500%, secondo le statistiche fornite dal Dipartimento del Tesoro degli Stati Uniti. Solo in quell'anno sono affluiti dagli Stati Uniti a Panama circa 6 miliardi di dollari di denaro non dichiarato. Le mie fonti dicono che dal sequestro del generale Noriega, il Banco Nacional de Panama ha raggiunto un livello record di liquidità. Questo avrebbe dovuto preoccupare l'amministrazione Bush, ma i segnali di preoccupazione da parte della Casa Bianca sono stati scarsi, se non nulli.

La struttura bancaria di Panama è stata creata da Nicolas Ardito Barletta. Barletta era accettabile perché in precedenza aveva diretto la Marine and Midland Bank, che è stata rilevata dalla banca dei banchieri della droga, la Hong Kong and Shanghai Bank. Barletta ha tutta l'esperienza necessaria per gestire grandi quantità di droga in contanti. È stato quando Noriega si è inimicato Barletta che l'amministrazione Bush ha deciso di sbarazzarsi del generale.

Nel falso nome del "libero scambio", abbiamo assistito a un allarmante aumento del volume di farmaci disponibili negli Stati Uniti. La cocaina non è mai stata così economica come oggi e non è mai stata così facilmente disponibile. Uno dei più importanti promotori del "libero scambio" è la Mont Pelerin Society. È molto spiacevole che così tanti patrioti di destra siano ancora sedotti da questa organizzazione.

Non pretendo di conoscere le risposte alla terribile minaccia rappresentata dal traffico di droga. Quello che so è che bisognerà fare qualcosa di urgente e radicale, perché anche mentre scrivo questo libro, forze potenti sono al lavoro per convincere il popolo americano che la soluzione al problema della droga è la sua legalizzazione. Non ci credo neanche per un attimo. Legalizzare l'uso di droghe trasformerà l'America in una nazione di tossicodipendenti, proprio come la Compagnia britannica delle Indie orientali trasformò i cinesi in una nazione di oppiomani. Dopotutto, sono i discendenti della Compagnia britannica delle Indie orientali e i loro soci yankee dal sangue blu a gestire lo spettacolo. Per quanto riguarda la "guerra della droga", non è mai esistita. È sempre stata, e sempre sarà, una finta guerra alla droga.

Panama sotto assedio è la più importante esposizione dall'alto del traffico di droga che abbia mai scritto. Purtroppo non ha ricevuto l'attenzione che merita, probabilmente perché il titolo dice poco del suo contenuto. Se avete bisogno di convincervi che la guerra alla droga di Bush era una guerra falsa, leggete il prossimo capitolo. Scoprirete che la guerra alla droga a Panama è inesistente, proprio come negli Stati Uniti. Il Dipartimento di Stato americano ha un proprio servizio di intelligence sulla droga.

Periodicamente, pubblica rapporti entusiasmanti sui risultati della "guerra alla droga". Il rapporto del Dipartimento di Stato su Panama è tipico dell'ipocrisia dell'amministrazione Bush. Nel suo rapporto, il Dipartimento di Stato indica quali nazioni sono state "certificate" per la lotta alla droga, e queste nazioni ricevono poi fondi dal governo statunitense a questo scopo. Di recente, Panama è stata "certificata" come nazione che combatte la droga e ha quindi diritto a un'elemosina da parte degli Stati Uniti. La verità è che, dopo la rimozione forzata del generale Noriega, Panama è stata un rifugio per i narcotrafficanti e le loro banche di riciclaggio. Eppure il testo del Dipartimento di Stato afferma che

> "Negli anni successivi all'azione militare che ha spodestato il generale Noriega, Panama si è unita allo sforzo internazionale per combattere la droga".

Il governo di Endara ha adottato misure significative contro il riciclaggio di denaro, ha effettuato sequestri record di droga e ha stipulato importanti accordi di controllo della droga con il governo degli Stati Uniti.

È un'assurdità pura e semplice. Questo rapporto altamente imperfetto dimostra che la guerra alla droga di Bush è inutile, e diventa ancora più evidente che si tratta di una menzogna se si considera che per anni, Non è stato fatto nulla per fermare il traffico di droga siriano e la raffinazione dell'eroina nella Valle della Bekka in Libano, finché qualche anno fa, in seguito alle lamentele di Israele - non legate al traffico di droga ma a questioni di sicurezza - le truppe siriane hanno lasciato la Valle della Bekka.

Capitolo 4

Panama sotto assedio

Per comprendere appieno ciò che sta accadendo a Panama - una regione vitale per la sicurezza nazionale e gli interessi commerciali degli Stati Uniti d'America - dobbiamo tornare al traffico di droga incentrato su Hong Kong. Da quando gli inglesi fecero di Hong Kong un punto di trasbordo per l'eroina, la città ha assunto un'importanza che smentisce la sua immagine più nota di centro televisivo e tessile.

Se Hong Kong fosse un normale centro commerciale, il mercato dell'oro non sarebbe in piena espansione. Ma le vecchie famiglie aristocratiche e oligarchiche inglesi fecero fortuna trasportando l'oppio dal Bengala alla Cina. E il pagamento era sempre in oro.

I britannici e le loro vecchie famiglie liberali interconnesse nell'Est americano, e la loro rete di venerabili studi legali di Wall Street, banche, società di brokeraggio e di investimento a conduzione familiare, hanno fatto agli Stati Uniti quello che hanno fatto alla Cina e, in misura minore, al mondo occidentale. Quando il "commercio" di cocaina negli Stati Uniti iniziò a superare quello dell'eroina, Panama divenne la prima zona bancaria sicura al mondo, un rifugio sicuro per le enormi ondate di denaro che affluivano.

La folla di Hollywood ha fatto della cocaina una "droga ricreativa" e ne ha reso popolare l'uso, proprio come aveva elogiato il whisky di contrabbando durante i "ruggenti anni Venti" nei resoconti fittizi della moda di bere l'infuso di Bronfman che scorreva dal Canada agli Stati Uniti. I baroni del liquore di un tempo sono diventati i baroni della droga di oggi.

Non è cambiato molto, se non che i meccanismi di distribuzione e occultamento sono diventati molto più sofisticati. Niente più mitragliatrici Thompson, niente più mafiosi chiassosi in abiti eleganti che ci farebbero arrossire. Oggi è l'immagine dell'eleganza nelle sale riunioni e nei club esclusivi di Londra, New York, Hong Kong, Las Vegas e nei bar di Nizza, Monte Carlo e Acapulco. L'oligarchia mantiene sempre una distanza discreta dai suoi servitori di corte; intoccabili, sereni nei loro palazzi e nel loro potere.

Il protocollo è ancora presente, così come gli omicidi. La mafia della cocaina ha ancora l'abitudine di "giustiziare", cioè di uccidere a modo suo, coloro che ritiene abbiano tradito. La vittima viene spogliata della biancheria intima, le mani legate, bendata e colpita al lato sinistro della testa. Questo è il "marchio di fabbrica" dei killer della cocaina: un avvertimento agli altri di non cercare di scappare con i loro soldi o la loro droga, o di mettersi in proprio. I furbi che riescono a sfuggire al proiettile dell'assassino vengono semplicemente denunciati alle autorità.

La maggior parte di ciò che passa per "arresti per droga" proviene da informazioni fornite dai grandi spacciatori per mettere fuori gioco quelli nuovi e indipendenti. La protezione ad alto livello non sempre funziona quando i "capi" vengono derubati, come ha scoperto il figlio venticinquenne del generale Ruben Dario Paredes, ex capo della Guardia Nazionale di Panama e nemico dichiarato del generale Manuel Noriega, finito in una tomba in Colombia "vestito" da killer della cocaina, con un foro di proiettile nella tempia sinistra.

Nemmeno la posizione del padre può proteggerlo dall'ira dei boss del cartello della cocaina. Con il governo cinese che premeva per ottenere una fetta più grande della torta dell'oppio/eroina e chiedeva un maggiore controllo del lucroso commercio dell'oro e dell'oppio di Hong Kong, i controllori britannici di alto livello iniziarono a promuovere Panama come "alternativa" per le loro operazioni bancarie. Panama non sostituirà mai Hong Kong; in realtà, Hong Kong controlla il commercio di oppio ed eroina, mentre Panama controlla il commercio di cocaina, ma le due cose si sovrappongono in larga misura.

I lettori dovrebbero capire di cosa sto parlando. Non sto parlando di aziende che non sono all'altezza delle aspettative, non sto parlando di aziende che a volte registrano perdite enormi come la "simpatica" General Motors, ad esempio. No, sto parlando di un'entità gigantesca che realizza sempre enormi profitti, anno dopo anno, e non delude mai i suoi "investitori".

Nel 2007, il commercio di droga offshore ha superato i 500 miliardi di dollari all'anno e cresce ogni anno. Nel 2005, la DEA ha stimato una cifra di 200 miliardi di dollari, un tasso di "crescita" niente male per un "investimento" relativamente piccolo. Questa enorme quantità di denaro contante rimane al di fuori delle leggi di tutti i Paesi, poiché attraversa impunemente i confini internazionali. Il commercio di droga è condotto in modo "illegale"?[3] Gli uomini dall'aspetto sinistro viaggiano con valigie piene di banconote da 100 dollari?

Lo fanno in rare occasioni, ma il traffico di droga può avvenire solo con la cooperazione volontaria e deliberata delle banche internazionali e delle istituzioni finanziarie loro alleate. È così semplice. Chiudendo le banche della droga, il traffico di stupefacenti inizierà a prosciugarsi man mano che le forze dell'ordine piomberanno sui signori della droga costretti a uscire allo scoperto perché costretti a ricorrere a metodi alternativi disperati e, per loro, pericolosi. In altre parole, chiudete i buchi dei topi e sarà più facile sbarazzarsi dei roditori. Sebbene sia gratificante vedere, come accade di tanto in tanto, che vengono effettuati arresti per droga e che le autorità sequestrano grandi quantità di droga, si tratta solo di una goccia nel mare rispetto al volume totale. Sono il risultato di informazioni su concorrenti "non registrati". Questi "successi" sono molto meno della proverbiale punta dell'iceberg. E grazie ai loro sistemi di intelligence privati, spesso molto più sofisticati di quelli della

---

[3] "Contrabbando" o "Commercio clandestino", Ndt.

maggior parte dei piccoli Paesi, i grandi signori della droga e i loro banchieri sono solitamente un passo avanti rispetto alle forze dell'ordine.

Il modo per combattere con successo la minaccia della droga, che rappresenta un pericolo per la civiltà più grande della peste nera del Medioevo, è quello di passare attraverso le lobby marmorizzate e gli atri bancari splendidamente decorati del mondo. Affrontiamo il problema dall'angolazione più difficile. Cerchiamo di catturare gli operatori, piuttosto che i finanziatori. Le banche britanniche hanno controllato per secoli l'attività bancaria offshore per il traffico di droga, così come hanno controllato il traffico di diamanti e oro, entrambi intimamente legati al traffico di eroina.

È per questo che la Regina Vittoria inviò l'esercito più potente del mondo all'epoca (1899) a schiacciare le due minuscole repubbliche boere del Sudafrica, semplicemente per ottenere il controllo del loro oro e dei loro diamanti, che Lord Palmerston, Sir Alfred Milner e Joseph Chamberlain consideravano un ottimo modo per finanziare i loro affari senza poter rintracciare la fonte dei pagamenti. È ancora il mezzo con cui il commercio di eroina a Hong Kong è ampiamente finanziato. Dopo tutto, l'oro e i diamanti sono impersonali.

Questo spiega perché la Regina Elisabetta era spesso ai ferri corti con la signora Thatcher su questioni politiche. La Regina voleva eliminare il governo sudafricano e la sua posizione anti-droga. La Regina ha voluto inviare un certo Furhop a dirigere il paese, come fa per lei in Rhodesia (oggi Zimbabwe). Furhop è il vero nome del suo corriere, meglio conosciuto come "Tiny" Rowland, che gestisce il gigantesco conglomerato LONRHO di cui è il maggiore azionista attraverso Angus Ogilvie, suo cugino di primo grado. In un certo senso, sia il Sudafrica che Panama erano sotto assedio per le stesse ragioni.

I sudafricani stavano impedendo l'appropriazione del loro tesoro d'oro e diamanti da parte dell'aristocrazia oligarchica e, nel caso di Panama, il loro prezioso segreto bancario veniva strappato dal generale Noriega. I potenti non hanno intenzione di lasciarsi scoraggiare da questi contrattempi! Per dare un'idea della posta in gioco a Panama, la DEA stima che circa 350 milioni di dollari al giorno passano di mano attraverso i trasferimenti bancari via telescrivente. Si tratta della cosiddetta "moneta interbancaria". Circa il 50% del denaro interbancario proviene dal traffico di droga e va alle Isole Cayman, alle Bahamas, ad Andorra, a Panama, a Hong Kong e alle banche svizzere che gestiscono questo vasto flusso di denaro. Come conseguenza del commercio di droga, dobbiamo affrontare il peso dei "tassi di cambio fluttuanti".

Questo effetto destabilizzante è stato causato dall'enorme volume di denaro contante, che il nostro sistema non è stato progettato per gestire; non è possibile che i tassi di cambio fissi possano gestire il vasto e rapido trasferimento di denaro a parità fissa in tutto il mondo in un giorno. Gli "economisti" ci hanno venduto false promesse quando hanno approvato la politica dei tassi di cambio "fluttuanti", e hanno inventato ogni sorta di gergo economico per nascondere la vera ragione, ovvero l'enorme flusso di denaro sporco!

Poiché una grande quantità di questo denaro circolava a Panama, era necessario disporre di un'attività a Panama che fosse affidabile per mantenere il più rigoroso segreto bancario. Secondo le stime della DEA, 3 miliardi di dollari all'anno scompaiono dai soli Stati Uniti e finiscono a Panama. I fratelli Coudert, gli "avvocati della mafia" dell'establishment liberale dell'Est, si misero al lavoro nella persona di Sol Linowitz, un messaggero di fiducia degli "olimpionici". Ha creato il generale Omar Torrijos e lo ha presentato e venduto al popolo americano come "nazionalista panamense". Il suo timbro "made by David Rockefeller" è stato accuratamente nascosto alla stragrande maggioranza del popolo americano.

Grazie al tradimento dei servi venduti del CFR al Senato, uomini come Dennis De Concini e Richard Lugar, Panama passò nelle mani del generale Torrijos con un costo di milioni per il contribuente americano. Ma Torrijos, come tanti altri mortali, dimenticò presto chi fosse il suo "creatore" e gli dei dell'Olimpo furono costretti a toglierlo di scena. Torrijos fu debitamente assassinato nell'agosto 1981. Pare che sia morto in un incidente aereo, molto simile al tipo di "incidente" occorso al figlio di Aristotele Onassis.

È successo che una o più persone sconosciute hanno modificato la meccanica dei flap alari, in modo che quando venivano abbassati per l'atterraggio, in realtà facevano volare l'aereo verso l'alto. Torrijos è stato originariamente selezionato da Kissinger, come siamo abituati a vedere. Quando ha cominciato a prendere sul serio il suo ruolo di "nazionalista" panamense invece che di burattino, ha dovuto andarsene. Kissinger si fece nominare a capo del Comitato bipartisan del Presidente sull'America Centrale, un'altra delle promesse non mantenute di Reagan. Questo rafforzò la sua presa su Panama, o almeno così pensava.

Dobbiamo guardare a Panama con gli occhi del cavallo di Troia, cioè dobbiamo guardare all'America Centrale come la vedeva il piano andino di Kissinger, un terreno di caccia per migliaia di truppe statunitensi. Gli ordini di Kissinger erano di iniziare un'altra "guerra del Vietnam" nella regione. Panama era al centro del piano. Ma Torrijos aveva altre idee. Voleva unirsi al gruppo Contadora, che cercava di portare stabilità e soluzioni alla povertà nella regione attraverso un reale progresso industriale. Ora, io non sono impegnato con i Contadoras; ci sono molte aree in cui differisco da loro. Ma non si può negare che i Contadoras, in generale, siano impegnati a combattere l'economia della droga pianificata per l'America Centrale, sulla falsariga dell'economia della ganja in Giamaica.

Questa idea di "libero scambio" è sostenuta da membri della Mont Pelerin Society, tra cui il venezuelano Cisneros e la veneziana Fondazione Cini. Per questo motivo e per aver minacciato di denunciare il sistema bancario Rockefeller a Panama, Torrijos è stato "immobilizzato in modo permanente", che nel linguaggio dei servizi segreti significa "assassinato".

Come ho detto prima, non stiamo parlando di piccoli spacciatori o di spacciatori di strada, che Hollywood ama dipingere come commercio di droga. Stiamo parlando di grandi banche e istituzioni finanziarie; stiamo parlando di persone altolocate; stiamo parlando di nazioni che sostengono e ospitano i signori della droga, paesi come Cuba; e stiamo parlando di un'organizzazione così forte e potente da aver messo in ginocchio un intero paese, la Repubblica di Colombia.

Scriverò della complicità del Dipartimento di Stato americano nell'ostacolare la guerra alla droga. Scriverò della risposta incredibilmente stupida di Nancy Reagan "Just Say No" a questa minaccia. Rispetto a quanto accade oggi, il volume di eroina che passava attraverso la French Connection era una questione di pochi spiccioli. Tuttavia, non dobbiamo mai perdere di vista il fatto che l'ex presidente Richard Nixon è stato l'unico presidente ad affrontare con decisione la minaccia della droga negli Stati Uniti. Per la sua insolenza nell'affrontare il traffico di droga dall'alto verso il basso, fu rimosso dall'incarico, disonorato, ridicolizzato e umiliato dalla truffa del Watergate, come lezione e monito per coloro che avrebbero seguito il suo esempio. In confronto, la "guerra alla droga" del presidente Reagan fu un semplice colpo di mano! Il "Circolo degli addetti ai lavori", che ha fondato il Royal Institute for International Affairs, non ha cambiato direzione. È bene ribadire che il traffico di droga è saldamente controllato dai discendenti e dalle famiglie intersecate che compongono i membri di questa società segreta interna, che possono risalire ai Lord Alfred Milner, Gray, Balfour, Palmerston, Rothschild e altri ai vertici della piramide sociale americana.

Le loro banche e quelle statunitensi non sono pesci piccoli. Di fatto, le piccole banche sono state o vengono eliminate con l'aiuto, volontario o meno, del Dipartimento del Tesoro degli Stati Uniti. Ciò è particolarmente evidente in Florida, dove, a partire dal 1977, grandi banche come la Standard and Chartered Bank, la Hapolum Bank, ben note per il loro coinvolgimento nel riciclaggio del denaro sporco della droga, si sono trasferite in Florida, dove c'è "azione". I "grandi" hanno quindi iniziato a denunciare le piccole banche utilizzate dai piccoli spacciatori indipendenti di cocaina. Ricordate che i monopoli della droga hanno una loro rete di intelligence molto efficace. Il Tesoro si è accanito sulle piccole banche, ma ha lasciato in pace le grandi. Quando le grandi banche vengono beccate, cosa che è successa alcune volte, vengono trattate con la massima clemenza.

Lo dimostrano i casi del Credit Suisse di Ginevra e della First Bank di Boston. La più importante banca di Boston è stata sorpresa a riciclare denaro sporco in collaborazione con il Credit Suisse. Sono state presentate circa 1.200 accuse separate contro la First National. Il Dipartimento di Giustizia ha riunito le accuse in una sola, e la banca ha ricevuto un piccolo schiaffo con una multa di soli 500 dollari! Il Credit Suisse non è stato perseguito dal Dipartimento di Giustizia o dal Tesoro! Il Credit Suisse rimane una delle più grandi ed efficaci banche di riciclaggio di denaro dopo l'American Express - gli "intoccabili" del mondo bancario.

Altre grandi banche coinvolte nel lucroso traffico di denaro sporco della droga erano la National Westminster, la Barclays, la Midlands Bank e la Royal Bank of Canada. La Royal Bank of Canada e la National Westminster Bank erano i principali banchieri della droga per i signori della droga nelle isole caraibiche, nell'ambito della tanto decantata "Iniziativa del bacino caraibico" di David Rockefeller. Tramite il Fondo Monetario Internazionale, Kissinger ordinò alla Giamaica di coltivare la ganja (marijuana), che oggi rappresenta la maggior parte dei guadagni della Giamaica in termini di valuta estera. La stessa cosa è accaduta in Guyana, motivo per cui Jim Jones si è trasferito lì - solo che Jones non era a conoscenza del vero scopo dei suoi gestori. In un esperimento di lavaggio del cervello di tipo Vacaville, Jones non ha mai raggiunto il suo obiettivo. È morto nella totale ignoranza di chi stava tirando i suoi fili.

La Giamaica è solo uno dei Paesi che vivono grazie ai soldi della droga. Quando era a capo della Giamaica, Edward Seaga ha sfacciatamente dichiarato ai giornali americani, tra cui il *Washington Post*, che, che sia accettato o meno, "l'industria, in quanto tale, è qui per restare". Non si può semplicemente sradicare. Non ho nulla contro l'espressione "qui per restare". Utilizzando la "musica" rock and roll come veicolo per la diffusione di "droghe ricreative" e protetto ai più alti livelli, il commercio di droga sembra davvero destinato a rimanere. Questo non significa che non possa essere eliminato. I primi passi di un programma di eradicazione sarebbero, a mio avviso, quelli di attaccare le sue banche principali e di approvare una legge che renda la vendita di musica rock and roll in tutte le sue forme - cassette, dischi, ecc. e la promozione di concerti rock - un reato penale punibile con pesanti pene detentive.

Una delle conseguenze della "guerra del tritacarne" tra Iran e Iraq è stata un'impennata nella vendita di eroina da cui si ricava la morfina diacetile. La maggior parte dei proventi di questo commercio è finita nelle banche panamensi, la "sovrapposizione" con Hong Kong di cui ho parlato prima.

In Iran ci sono ufficialmente 2,6 milioni di eroinomani, di cui 1,5 milioni nell'esercito, dove i soldati dipendenti possono procurarsela su richiesta. Si ricorderà che l'oligarchia britannica tentò la stessa operazione durante la Guerra tra gli Stati, la Guerra Civile, ma non ebbe successo. I soldi dell'eroina non solo hanno alimentato la Guerra del Golfo, ma alimentano anche gli outfit dei "combattenti per la libertà", un termine usato da George Shultz per descrivere gli assassini del Congresso Nazionale Africano (ANC), i separatisti baschi (ETA), l'Esercito Repubblicano Irlandese (IRA), il movimento separatista Sikh, i Curdi, ecc. I fondi provenienti dalla vendita di oppio e cocaina vengono convogliati a queste organizzazioni terroristiche attraverso il Consiglio Mondiale delle Chiese.

Da quanto detto sopra, è chiaro perché Panama è così importante per le forze sovranazionali mondialiste. Il sistema bancario di Panama è stato creato da David Rockefeller per essere un comodo deposito bancario per il denaro del traffico di droga. Panama è stata designata come centro bancario per la cocaina, mentre Hong Kong è rimasta il centro per l'eroina e l'oppio. Il sistema bancario di Panama è stato ristrutturato secondo il piano di Rockefeller da Nicholas Ardito Barletta, ex direttore della Banca Mondiale e direttore della Marine Midland Bank, che è stata rilevata dal re delle banche della droga, la Hong Kong and

Shanghai Bank, Barletta è stato accettato per la sua immagine "rispettabile" e per la sua esperienza nel gestire grandi quantità di denaro della droga. Nel 1982, il Dipartimento del Tesoro ha stimato che il Banco Nacional de Panama aveva aumentato i suoi flussi di dollari di quasi il 500% tra il 1980 e il 1984. Solo in quel periodo di quattro anni, dagli Stati Uniti a Panama sono affluiti circa 6 miliardi di dollari di denaro non dichiarato.

L'ex presidente peruviano Alan Garcia, che ha condotto una guerra totale contro i signori della droga, si è rivolto alle Nazioni Unite il 23 settembre 1998 su questo tema, elencando i successi e le vittorie del Perù nella guerra alla droga. Ha poi aggiunto:

> Potremmo quindi chiedere all'amministrazione statunitense, se lo abbiamo fatto in cinquanta giorni, cosa sta facendo per i diritti umani dell'individuo che sta collassando alla Grand Central Station e in tanti altri luoghi, e quando lotterà legalmente e cristianamente per sradicare il consumo?

La risposta della signora Nancy Reagan è stata "Basta dire di no", ma non è una risposta all'accusa implicita del presidente Garcia secondo cui gli Stati Uniti stanno facendo molto meno di quello che possono per sradicare il flagello della droga. Eppure tanti cosiddetti "economisti" continuano a chiedere la legalizzazione di questo ignobile commercio in nome del "libero scambio".

Tra questi c'è Diego Cisneros, membro della Mont Pelerin Society, un'organizzazione cosiddetta conservatrice che promuove la teoria del "libero commercio". Dopo l'assassinio di Omar Torrijos nell'agosto del 1961 (assassinato perché aveva scelto di ignorare gli ordini di Henry Kissinger e aveva mostrato forti segni di voler procedere da solo), il generale Rueben Paredes, uomo forte, prese il controllo di Panama. Ma nel febbraio 1981 ha sbagliato minacciando di espellere l'ambasciatore statunitense da Panama per aver interferito negli affari interni del Paese. Kissinger consegnò un messaggio a Paredes.

Con un sorprendente "voltafaccia", il generale Paredes iniziò improvvisamente a sostenere il piano andino di Kissinger per trasformare l'America Centrale in un altro Vietnam per l'esercito statunitense, abbandonando il suo appoggio alla politica di Contadora. Pur con molti difetti, il Gruppo Contadora era fondamentalmente consapevole del "cavallo di Troia" di Kissinger in America Centrale e si adoperò per evitare che nella regione si sviluppasse un conflitto simile a quello del Vietnam. Henry Kissinger e il Dipartimento di Stato americano avevano precedentemente promosso Paredes come "nazionalista panamense, convinto anticomunista amico dell'America".

Durante una visita sponsorizzata da Kissinger a Washington D.C., Paredes è stato accompagnato da Kissinger stesso. Sei mesi dopo l'assassinio di Torrijos, il generale Paredes assunse il comando della Guardia Nazionale. In seguito, Paredes elogiò apertamente i terroristi colombiani delle FARC e sabotò gli sforzi di Contadora per raggiungere una soluzione pacifica ai problemi della regione. Si è anche prodigato per coltivare l'amicizia di Anulfo Arias, che il *Washington Post*, il *New York Times* e, sorprendentemente, il senatore Jesse Helms, hanno dipinto come il legittimo erede alla guida di Panama, la cui posizione sarebbe stata usurpata dal generale Noriega. Curiosamente, durante le udienze del Trattato sul Canale di Panama, gli sciacalli dei media non hanno detto nulla sull'usurpazione della posizione "legittima" di Anulfo Arias da parte di Torrijos! Ci sono state molte sciocchezze sul fatto che Arias fosse un "nazista" e quindi indegno di guidare Panama. Questo tipo di propaganda antitedesca non merita commenti.

Nonostante la spietata esecuzione del figlio venticinquenne e di altri due "soci in affari" panamensi da parte di killer che lavoravano per i clan Ochoa ed Escobar, in stile mafia della cocaina, Paredes è rimasto fedele ai signori della droga e alla loro rete bancaria. La perdita del sostegno panamense fu un duro colpo per le aspirazioni dei Contadoras. Ciò significava che Panama sarebbe rimasta un centro "aperto" per il finanziamento della vendita di armi alla regione, comprese quelle fornite da Israele in base a un accordo tra la leadership locale e il defunto Ariel Sharon, ex partner commerciale di Kissinger.

Oltre alle minacce per le quali Kissinger è noto, il FMI ha avuto un ruolo nel ricattare Paredes. Le mie fonti mi dicono che Kissinger ha fatto sapere che l'accordo di stand-by del FMI per la ristrutturazione del debito di Panama, pari a 320 milioni di dollari, avrebbe potuto non essere valido se Paredes avesse litigato con il suo padrone. Paredes ha "recepito il messaggio". Il FMI iniziò immediatamente una lotta con il generale Noriega, che in un discorso televisivo del 22 marzo 1986 disse al popolo panamense che il FMI stava strangolando Panama.

Il presidente Eric Delville ha purtroppo appoggiato le misure di austerità del FMI, che avevano lo scopo di indebolire il sostegno sindacale a Noriega. La federazione sindacale CONATO cominciò a minacciare di rompere con il generale Noriega se non fossero stati ignorati i dettami del FMI.

Il generale Manuel Noriega, quando era ancora colonnello, era a capo dell'ufficio antinarcotici di Panama e ha lottato per dieci anni per mantenere la Guardia Nazionale di Panama libera dalla corruzione che segue il denaro della droga come il giorno segue la notte. Con le famiglie Ochoa ed Escobar praticamente in controllo di Panama, non si trattava di un compito da poco. La guerra alla droga di Noriega è confermata da John C. Lawn, capo della Drug Enforcement Agency (DEA). Lawn non era noto per i suoi discorsi fioriti o per le lettere di congratulazioni. La sua lettera al generale Noriega è quindi ancora più notevole per il suo elogio incondizionato.

Di seguito è riportato un estratto della lettera, rappresentativo del modo e dello stile in cui è stata scritta:

> *Vorrei cogliere l'occasione per ribadire il mio profondo apprezzamento per la vigorosa politica antidroga da voi adottata, che si riflette nelle numerose espulsioni da Panama di trafficanti accusati, nei grandi sequestri di cocaina e di precursori chimici avvenuti a Panama e nell'eradicazione delle coltivazioni di marijuana in territorio panamense.*

Né il *Washington Post* né il *New York Times* hanno ritenuto opportuno ristampare questo elogio di un giornale del Perù. Tornerò sul tema della DEA e di John C. Lawn più avanti, data la sua importanza centrale.

L'unica cosa che il *Washington Post ha* fatto per contrastare questa bella testimonianza è stato pubblicare le falsità del suo cosiddetto "esperto di intelligence", Seymour Hersh, che ha scritto un articolo in cui sosteneva che il generale Noriega era un "agente doppio" della CIA, che gli forniva informazioni ricevute da Cuba. Questo è uno stratagemma ben noto ai veri specialisti dell'intelligence. Lo scopo di queste "rivelazioni" sarebbe quello di incitare i sicari del servizio segreto cubano della DGI ad assassinare il generale Noriega con il pretesto che aveva "doppiato Cuba". Questo distoglierebbe l'attenzione della banda Kissinger-banchieri se l'attentato avesse successo. Le informazioni e i resoconti di Hersh spesso non erano molto accurati e la "rivelazione" di Noriega dovrebbe essere vista per quello che era: una possibile messa in scena per un attentato al generale Noriega.

Noriega si oppose con tutte le scarse risorse a sua disposizione. Ma va notato che qualsiasi azione contro il traffico di droga è pericolosa.

Panama è un esempio del tipo di azione di contrasto che un nemico potente è in grado di mettere in atto. Nei Caraibi e a Panama, le forze antidroga sono state affrontate da un consorzio composto dallo studio legale Coudert Brothers nella persona di Sol Linowitz. Tra gli altri membri del consorzio c'erano Fidel Castro, David Rockefeller, Henry Kissinger e il Fondo Monetario Internazionale (FMI), oltre ad alcune grandi banche e al Dipartimento di Stato americano. Il piano di Kissinger per le Ande fu ostacolato dal generale Noriega, che lo mise sotto tiro per la sua posizione antidroga. L'esito della vicenda di Panama era prevedibile. L'Iniziativa per il Bacino dei Caraibi di Rockefeller equivaleva a consegnare un impero della droga del valore di almeno 35 miliardi di dollari all'anno a Fidel Castro, che non aveva intenzione di cederlo senza combattere.

In Colombia, David Rockefeller e Kissinger hanno creato uno "Stato nello Stato", dove Carlos Lederer - fino al suo arresto - era un boss dei clan Ochoa ed Escobar che governavano praticamente l'intero Paese. Nel centro di Bogotà, metà dei magistrati della città sono stati giustiziati dalla guerriglia privata MI9 dei signori della droga, nota anche come FARC.

L'assalto è stato un atto di pura anarchia che ha lasciato la Colombia in uno stato di paura intorpidita. Cosa c'era dietro questa frenetica attività, che era in realtà una rivoluzione? Si trattava semplicemente di denaro, a ondate e ondate, che confluiva in paradisi offshore nei Caraibi e a Panama. La DEA stima che la sola Colombia abbia accumulato 39 miliardi di dollari in contanti tra il 1980 e il 2006. La DEA e il Tesoro ritenevano che Panama fosse diventata la capitale bancaria del mondo della cocaina, e non ho nulla da eccepire su questa valutazione. Nel 1982, il Dipartimento del Tesoro ha riferito che il Banco National de Panama era diventato la principale camera di compensazione per i dollari della droga, con un aumento di sei volte del suo flusso di cassa tra il 1980 e il 1988.

Panama, fino all'ascesa al potere del generale Noriega, era anche il luogo d'incontro preferito dai boss del narcotraffico. Lopez Michelson, che si offrì di pagare il debito estero della Colombia con i proventi della cocaina se il governo colombiano avesse "legalizzato" la posizione delle famiglie della droga, operava abbastanza liberamente da Panama, dove si incontrava spesso con Jorge Ochoa e Pablo Escobar. Questi membri di spicco del cartello della droga colombiano erano noti per aver stretto un accordo con Rodrigo Botera Montoya, ministro delle Finanze colombiano dal 1974 al 1976, che aveva istituito uno "sportello aperto" presso la Banca Centrale, dove i dollari della droga potevano essere scambiati liberamente e apertamente senza problemi con le autorità. Questa "finestra" non è mai stata chiusa! È meglio conosciuta con il nome colloquiale di "ventanilla siniestra", letteralmente "finestra sinistra". È attraverso questa "finestra" che Fidel Castro ha ricevuto enormi quantità di dollari statunitensi.

Le autorità statunitensi erano a conoscenza delle attività di Botera? Certo che lo erano. Botera è stato membro del prestigioso Aspen Institute, della Fondazione Ford ed ex co-presidente del Dialogo interamericano. Era ben conosciuto dal soave Elliott Richardson, ricordato soprattutto per aver perseguitato e tradito il presidente Richard Nixon in seguito allo scandalo Watergate. Ciò che è meno noto è che Elliott Richardson, un bramino di Boston di tutto rispetto, era l'avvocato del defunto Cyrus Hashemi. Hashemi è stato il principale responsabile dell'accordo sulle armi tra Carter e Khomeini nel 1979.

Richardson era il rappresentante ufficiale e il consulente legale del governo marxista dell'Angola. È stato anche pesantemente coinvolto nello scandaloso insabbiamento della misteriosa morte di nove pazienti psichiatrici nella sinistra struttura di Bridgeport, che finora non è stata indagata. I legami di Richardson con il narcotraffico possono essere visti attraverso la lobby pro-narcotici, l'Istituto per la Libertà e la Democrazia, che ha contribuito a fondare a Lima, in Perù, nel 1961.

Dato il gran numero di nomi che compaiono nello svolgimento della tragedia di Panama, sembra opportuno elencare i principali attori e istituzioni coinvolti - soprattutto i nemici di Noriega, che erano numerosi e potenti, come si evince dall'elenco seguente:

Alvin Weeden Gamboa

Questo avvocato panamense, corriere dei signori della droga, ha formato il Partito di Azione Popolare (PAPO), un partito di opposizione che difende i diritti umani, con altri due nemici di Noriega, Winston Robles e Roberto Eisenmann. Tutti loro si opponevano fortemente alla Forza di Difesa di Panama e ricevevano regolarmente generosi elogi dalla stampa statunitense Jackal e dal Dipartimento di Stato come membri di un "governo democratico alternativo" di Panama.

Cesar Tribaldos

È stato pesantemente coinvolto nel riciclaggio di denaro per i baroni della cocaina colombiani. È ed è stato coordinatore del movimento Crociata Civica insieme a Roberto Eisenmann, proprietario del quotidiano *La Prensa* e membro del PAPO. È stato anche membro del consiglio di amministrazione del Banco Continental.

Ricardo Tribaldos

È stato accusato di aver tentato di importare a Panama ingenti quantità di precursore dell'etere etilico (acetone), il principale prodotto chimico utilizzato per la raffinazione della cocaina. Ricardo aveva messo in piedi l'operazione nel 1984 in previsione dell'apertura da parte dei colombiani Ochoa ed Escobar di un importante laboratorio di lavorazione della cocaina a Panama.

Roberto Eisenmann

Roberto Eisenmann era il proprietario del quotidiano *La Prensa* e, all'epoca, una potente risorsa del Dipartimento di Stato americano. Ha avuto un ruolo di primo piano nella proposta di un governo "democratico alternativo" per Panama. Eisenmann odia Noriega per aver smantellato una delle principali operazioni di Jorge Genoa e per aver chiuso la First Interamerica Bank, che nel 1985 aveva violato le leggi bancarie panamensi. Questo lascia Eisenmann e i suoi colleghi perplessi.

Nessuno si aspettava che venisse intrapresa un'azione seria contro la comunità internazionale che controlla l'80% dell'economia panamense e ha creato una "Svizzera a Panama" in seguito alle modifiche apportate da Nicholas Barletta. Questa comunità elitaria di narcotrafficanti e banchieri rimase quindi sbalordita quando Noriega fornì queste informazioni alla DEA, che portarono all'arresto del grande barone della cocaina Jorge Ochoa in Spagna. L'establishment panamense fu scosso da questi sviluppi.

Eisenmann divenne un critico veemente di Noriega, accusandolo di aver distrutto l'economia di Panama e persino di essere coinvolto nel traffico di cocaina, mentre in realtà era Eisenmann a lavorare a stretto contatto con i baroni della cocaina colombiani. Eisenmann faceva parte di un gruppo di signori della droga, banchieri, avvocati e direttori di giornali la cui retorica a favore della democrazia era stata concepita per coprire le loro tracce che, se la verità fosse venuta a galla, li avrebbero portati dritti al riciclaggio di denaro sporco della cocaina. Eisenmann, che ha guidato l'attacco a Noriega per 12 anni, era la prima scelta del Dipartimento di Stato americano per guidare il governo che intendeva mettere al potere una volta spodestato Noriega. Alcuni lettori potrebbero guardare a queste informazioni con scetticismo, ma sono sicuro che le mie informazioni reggeranno a qualsiasi prova, perché sono sostenute da fatti concreti. Nel 1964, Eisenmann fu scoperto come l'uomo dietro l'acquisto della Dadeland Bank di Miami, attraverso la quale il sindacato Fernandez riciclava la cocaina e la marijuana, una prova sufficiente per far sì che le banche potessero giustamente essere indagate dalla DEA. Ma ciò non è avvenuto.

Il sindacato Fernandez, incriminato nel 1984, immagazzinava grandi quantità di denaro contante proveniente dal traffico di droga in caveau affittati dalla banca prima di trasferirlo a Panama, e i documenti del tribunale mostrano che il sindacato deteneva la maggior parte delle azioni totali emesse nella Dadeland Bank di Eisenmann. Eppure furono Weeden, Eisenmann e Fernandez ad accusare specificamente Noriega di avere rapporti con i signori della droga. Dopo la pubblicità, il sindacato di Fernandez ha trasferito il denaro sporco dalla Dadeland Bank al Banco de Iberoamerica, indicato nell'accusa come una delle 15 banche panamensi utilizzate. Eisenmann ha poi giurato che non aveva idea che la sua Dadeland Bank fosse usata per riciclare denaro sporco.

Carlos Rodriguez Milian

Questo straordinario corriere di Lederer, Escobar e dei fratelli Ochoa, riceveva uno stipendio di 2 milioni di dollari al mese fino a quando non fu arrestato dagli agenti della DEA, in seguito a una soffiata della sua nemesi, il generale Noriega. Il suo compito era quello di supervisionare e consegnare enormi quantità di denaro contante proveniente dalla droga a Bank of America, First Boston e Citicorp, tra gli altri, a scopo di riciclaggio.

L'11 febbraio 1988, nel corso dell'audizione della Sottocommissione per le Relazioni Estere del Senato sui narcotici, i lavori sono stati concepiti per infangare e oscurare il nome del generale Noriega. Milian è stato portato dal carcere, dove sta scontando una condanna a 43 anni per attività commerciali legate alla droga, per testimoniare contro il generale Noriega. Ma ha interrotto i lavori e spaventato i membri della commissione rivelando di aver consegnato enormi quantità di dollari di droga a diverse banche statunitensi. Le sue inaspettate e non richieste rivelazioni sotto giuramento sono state completamente insabbiate dagli sciacalli dei media statunitensi.

Tenente Colonnello Julian Melo Borbua

Congedato con disonore dalla Guardia Nazionale Panamense nel 1964, Borbua divenne uno dei testimoni principali contro Noriega. Mentre era ancora nella Guardia Nazionale, incontrò i fratelli Ochoa in Colombia, che gli diedero il lavoro e lo pagarono 5 milioni per aprire un laboratorio di cocaina a Darien, nella giungla panamense; per ottenere strutture sicure di stoccaggio e transito e alloggi sicuri per le armi in vendita, per lo più di origine israeliana, e per stabilire accordi con varie banche per facilitare il flusso di denaro proveniente da queste transazioni illegali. I connazionali coinvolti in questo progetto erano Ricardo Tribaldos, l'uomo incriminato per aver tentato di importare etere etilico a Panama, e un certo Gabriel Mendez.

Tribaldos e Mendez seppero di essere in fuga quando gli uomini di Noriega iniziarono a distruggere grandi carichi di acido etilico e localizzarono e demolirono un grande laboratorio di cocaina. Sotto la direzione di persone non identificate, Tribaldos, Mendez e Borbua hanno pianificato una massiccia fuga di capitali da Panama.

Il piano prevedeva un attacco e una campagna diffamatoria contro l'esercito e, se possibile, l'assassinio di Noriega. Ma prima di poterlo fare, la Forza di Difesa di Panama (PDF) ha scoperto il complotto e ha arrestato il trio. Mendez e Tribaldos vengono accusati di traffico di droga e incarcerati, ma vengono rilasciati da un tribunale panamense in circostanze sospette. Borbua è stato congedato dal PDF con lode. Tutti sono diventati membri attivi del fronte della Crociata Civica, creato per spodestare il generale Noriega.

Crociata civica

Questo fronte di Eisenmann e dei suoi associati era destinato esclusivamente a essere usato contro il generale Noriega. I suoi sponsor erano Eisenmann, Barletta, Tribaldos, Castillo e Blandon, Elliott Richardson, Norman Bailey e Sol Linowitz. La Crociata Civica fu istituita a Washington D.C. nel giugno 1987 e a guidarla fu chiamato Lewis Galindo, autoproclamatosi "rappresentante internazionale dell'opposizione di Panama a Noriega".

Galindo ha credenziali impeccabili con la fazione Shultz del Dipartimento di Stato e con l'establishment liberale della East Coast attraverso la Commissione Trilaterale e Sol Linowitz, uno dei più fidati servitori dell'olimpionico e socio del prestigioso studio legale Coudert Brothers. Si tratta dello stesso studio legale che avrebbe tradito gli Stati Uniti cedendo un territorio sovrano americano a Panama, cosa vietata dalla Costituzione statunitense. Galindo aveva anche credenziali impeccabili con l'ex presidente colombiano Alfonso Lopez Michelson, ampiamente considerato dagli agenti dei servizi antidroga come l'uomo che ha supervisionato il commercio di cocaina e marijuana in Colombia durante il suo mandato dal 1974 al 1978.

I fratelli Robles

Ivan Robles e suo fratello Winston sono avvocati di primo piano a Panama. Devono la loro notorietà ai boss del traffico di cocaina e ai loro banchieri. Winston Robles è condirettore de La Prensa di Roberto Eisenmann, che ha dimostrato di avere legami con la banca Fernandez-Dadeland. L'annuario legale internazionale riporta il titolo corretto dello studio legale: Martindale-Hubbell, Robles and Robles. Eisenmann de La Prensa, anche lui comprovato proprietario di un terzo della Dadeland Bank, con i suoi sgradevoli legami passati con il sindacato Fernandez, era stato favorito dall'ex Segretario di Stato George Shultz e dal Dipartimento di Stato per sostituire il generale Noriega.

Queste "trattative" sono nate dalle accuse totalmente false di traffico di droga mosse a Noriega da un gran giurì di Miami, in Florida, il 5 febbraio 1988. Questo atto d'accusa sottolinea ancora una volta l'urgente necessità per il popolo americano di liberarsi dell'appendice arcaica e feudale del "Gran Giurì" nel nostro sistema legale. L'ultima informazione sui "negoziati" è la dichiarazione di George Shultz:

> Abbiamo avuto molte discussioni con lui (Noriega), ma non abbiamo ancora raggiunto un accordo per cui le accuse contro Noriega saranno ritirate se si ritirerà volontariamente.

Ammiraglio John Poindexter

Le false accuse contro Noriega sono nate dalla fallita missione di Poindexter per costringere il generale a lasciare l'incarico. La missione di Poindexter per conto di Shultz era in linea con il brutale messaggio del Presidente Reagan per sbarazzarsi del Presidente Marcos, consegnato dal senatore Paul Laxalt, che ha interpretato il ruolo di Giuda molto meglio di Poindexter. La missione di Poindexter ha innescato l'attuale guerra condotta dai signori della droga, dai banchieri, dagli avvocati e dai loro alleati americani per liberare Panama dalla minaccia alla loro esistenza derivante dal perseguimento vigoroso delle leggi anti-cocaina e delle politiche bancarie condotte dal generale Noriega e dal PDF. Nell'intervista televisiva di Mike Wallace, Noriega chiarì che Poindexter era arrivato come un prepotente chiedendo che Panama si piegasse alle richieste colonialiste degli olimpionici (The Committee of 300).

Non mi sono opposto all'invasione del Nicaragua da parte delle forze militari statunitensi, ma un'altra guerra del tipo Vietnam farebbe solo il gioco del governo mondialista e dei traditori all'interno dei nostri confini. Poindexter fu sostenuto dai media statunitensi, che arrivarono a chiedere l'eliminazione di Noriega con la forza. Dopo aver risposto alle minacce di Poindexter con un fermo rifiuto, Noriega sapeva che il dado era tratto. Cercò quindi di allearsi con i peronisti e di ottenere il loro sostegno. In un incontro con i leader peronisti a Mar del Plata, in Argentina, Noriega e la sua delegazione di ufficiali di medio livello ricevettero le assicurazioni che si aspettavano. Ma furono presto prese delle contromisure per spaventare gli argentini. Le truppe britanniche hanno tenuto delle "esercitazioni" nelle isole Falkland per mostrare cosa sarebbe successo se l'Argentina fosse intervenuta negli affari di Panama e il generale John Calvin, capo del Comando meridionale dell'esercito statunitense, ha incontrato il ministro della Difesa argentino Horacio Juanarena. L'incontro avrebbe riguardato le minacce britanniche e le crescenti tensioni tra i due Paesi per le Falkland.

Il generale Galvin lanciò un severo avvertimento a Juanarena di non farsi coinvolgere a Panama. La missione di Galvin a Buenos Aires potrebbe essere giustamente paragonata a quella del generale Hauser a Teheran, quando l'ex presidente Jimmy Carter stava tradendo lo scià dell'Iran.

L'operazione antidroga della DEA, che ha fatto seguito a un'indagine durata tre anni e denominata "Operazione Fish", ha dimostrato che i signori della droga e i loro sostenitori erano i beneficiari di enormi profitti. Fino al 1985, nessuno si era preoccupato seriamente di loro. Ma nel 1985, quando prima sembrava vagamente possibile che leggi raramente utilizzate potessero diventare un problema da affrontare con l'intimidazione, la corruzione e la concussione, Noriega ha dimostrato di non poter essere minacciato o comprato e di fare sul serio.

L'operazione "Fish" ha portato alla chiusura di 54 conti in 18 banche panamensi e al sequestro di 10 milioni di dollari e di grandi quantità di cocaina. In seguito è stato accertato che le banche erano state informate da alcuni membri del PDF e sono state in grado di spostare grandi quantità di contanti prima di essere razziate. A ciò ha fatto seguito il congelamento di altri 85 conti in banche i cui depositi sarebbero stati macchiati di sangue e cocaina, un'azione condotta dalla Forza di Difesa di Panama (PDF). Cinquantotto importanti "corridori" colombiani, americani e alcuni cubano-americani sono stati arrestati e accusati di traffico di droga. L'operazione "Fish" è stata resa possibile dall'approvazione della legge panamense 23, che preannunciava ciò che i trafficanti di droga potevano aspettarsi in futuro. *La Prensa* denuncia con amarezza che la Forza di Difesa panamense sta conducendo una campagna pubblicitaria antidroga per conto del governo statunitense, una campagna che "devasterà il centro bancario panamense".

José Blandon

Questo è il caso di Jose Blandon, che è stato rivoltato di 180 gradi dal consorzio pro-droga. Qual è il ruolo assegnato a Blandon nella guerra contro le forze anti-cocaina?

Fu assunto per ottenere il cosiddetto "sostegno internazionale" alla fazione Elliott Richardson-Sol Linowitz che stava cercando di far cadere il generale Noriega. Così facendo, Blandon ha dimostrato di essere un bugiardo ipocrita e senza scrupoli. Blandon è stato al servizio dell'Internazionale socialista di Willie Brandt (nota in alcuni ambienti anche come Partenariato). Prima di assumere il ruolo di principale accusatore di Noriega, Blandon, che era console generale di New York per Panama, l'11 agosto 1987 è andato alla televisione panamense per sostenere Noriega. Ha attaccato con veemenza le forze che si oppongono al generale Noriega, caratterizzando l'ostilità come una campagna volta essenzialmente alla liquidazione di José Blandon.

Diamo un'occhiata più da vicino al portavoce del Dipartimento di Stato per "Panama". Poco dopo la sua apparizione televisiva a sostegno di Noriega, in realtà meno di un mese dopo, Blandon è stato sequestrato dall'establishment liberale orientale nelle persone di Shultz, Kissinger ed Elliot Abrams e gli è stato detto di smettere di sostenere il cavallo sbagliato. Secondo i rapporti dell'intelligence, Blandon non aveva idea di quale fosse il futuro di Noriega. Gli è stato detto apertamente di "unirsi alla squadra vincente" o di essere messo da parte quando si sarebbe insediato il "nuovo governo". Blandon, da sempre un individuo egoista, non perse tempo a cambiare rotta e a saltare sul carro della "cattura di Noriega". Poco dopo essersi schierato, Blandon annunciò che stava "raccogliendo il sostegno della comunità internazionale contro il generale Noriega".

È stato quindi licenziato in tronco dalle sue funzioni consolari. Nessun governo può permettersi che i suoi funzionari cospirino con "forze straniere che sostengono il suo rovesciamento". Blandon è stato immediatamente sostenuto dal Dipartimento di

Stato e dai media statunitensi. Il dottor Norman Bailey lo ha presentato come un rispettabile funzionario panamense di alto livello che aveva informazioni davvero sorprendenti da fornire sul presunto "traffico di droga" di Noriega. Non posso essere del tutto certo che Blandon non abbia ricevuto immediatamente il sostegno finanziario di Bailey, della Crociata Civica e di Sol Linowitz, ma Washington ha dichiarato di aver ricevuto alcune informazioni che tenderebbero a confermare che Blandon era un mercenario pagato da Linowitz, Norman Bailey e dalla Crociata Civica. L'avvocato di Miami Ray Takiff, che ha rappresentato il generale Noriega negli Stati Uniti, ha detto semplicemente che Blandon era un bugiardo sul libro paga del governo americano.

Uno dei controllori di Blandon era William G. Walker, vice assistente del Segretario di Stato per gli Affari Internazionali, che in seguito ebbe un ruolo sporco nella caduta del governo serbo. Secondo i rapporti che ho ricevuto, è stato Walker a istruire Blandon sulla sua testimonianza davanti alla Sottocommissione del Senato per le Relazioni Estere su Terrorismo, Narcotici e Operazioni Internazionali, una sottocommissione anti-Noriega. Walker ha poi svolto un ruolo chiave nella distruzione del leader serbo Milosevic, che ha portato alla caduta del Paese e alla presa di potere da parte di un governo musulmano in Albania.

Blandon era noto per i suoi sbalzi d'umore da un soggetto all'altro, per non parlare del fatto che cambiava cavallo lungo il percorso. Walker voleva assicurarsi che Blandon non si addentrasse in aree che avrebbero potuto portare a complicazioni, mentre testimoniava davanti alla commissione "a viso aperto", alla maniera dell'imbarazzante presentazione di Rodriguez Milian sulle principali banche statunitensi. Lewis Galindo della Civic Crusade, che conosciamo bene, era un altro degli "allenatori" di Blandon, insieme a Walker e al dottor Norman Bailey. Galindo ha dedicato molto tempo a dire a Blandon di attenersi alle basi quando ha testimoniato davanti alla sottocommissione del Senato desiderosa di "catturare Noriega".

La commissione doveva conoscere la propensione di Blandon a distorcere i "fatti", così come doveva essere a conoscenza dei suoi "contatti internazionali di alto livello" piuttosto dubbi. Eppure la sottocommissione del Senato ha presentato Blandon come testimone principale contro Noriega per la maggior parte del tempo durante le sessioni dell'8-11 febbraio. Questo dovrebbe turbare profondamente tutti i patrioti che apprezzano le nostre istituzioni e tradizioni.

L'attacco a Noriega ha degradato e svilito le nostre istituzioni, oltre a mettere in serio dubbio il nostro sistema giudiziario. Desiderosi di sfruttare al massimo la testimonianza di Blandon, anche se non sarebbe durata più di qualche minuto secondo le regole della corte sulle prove, e sotto interrogatorio, i membri della commissione hanno ascoltato avidamente la sua diatriba sconclusionata e contraddittoria contro il generale Noriega. Anche con questo margine di manovra e con i membri della commissione che si sono fatti in quattro per mostrare preoccupazione, Blandon si è comportato male come i criminali Floyd Carlton e Milian Rodriguez, chiamati a testimoniare per l'accusa.

La procedura ricordava i "processi-farsa" e non ha posto nel sistema americano. Se questo è ciò che i nostri politici chiamano "governo aperto", allora Dio aiuti l'America. Le audizioni della sottocommissione possono essere definite un "processo"? Tendo a pensare che si sia trattato di un processo al generale Noriega, anche se il presidente della sottocommissione, John Kerry, ha respinto categoricamente questa ipotesi quando gli è stato chiesto. Kerry fece sfilare Blandon davanti alla commissione come un cane sul ring di una mostra canina. Quando Blandon iniziò a farfugliare in modo incoerente, Kerry gli disse ripetutamente "resta ragazzo - non così in fretta". Si tratta dello stesso John Kerry che doveva candidarsi alla presidenza degli Stati Uniti. Grazie a Dio è stato sconfitto.

Kerry si è assicurato che il recente discorso televisivo di Blandon a sostegno di Noriega non venisse menzionato. In quel discorso, Blandon ha affermato che le accuse contro il comandante della PDF erano "invenzioni" e ha negato con veemenza che gli ufficiali della PDF fossero coinvolti nel traffico di droga. Questa può essere una buona politica, ma è una cattiva giustizia. Alla fine, incapace di tenere il passo con le proprie farneticazioni, Blandon si è contraddetto e ha fornito resoconti talmente diversi degli stessi eventi che persino gli sciacalli dei media, in particolare il *Time Magazine*, hanno dovuto ammettere a malincuore che la credibilità di Blandon era inesistente! Ma non per John Kerry, che non poteva permettersi di perdere il testimone della Star Chamber.

Da dove provengono i "fatti" di Blandon sul coinvolgimento di Noriega nel traffico di droga? Un'attenta analisi preparata da specialisti del settore ha mostrato una sorprendente somiglianza tra le frasi e le parole usate da Norman Bailey, Lopez Michelson, Roberto Eisenmann, Lewis Galindo e molte delle parole e delle frasi usate da Blandon. Sembra quindi che questi uomini abbiano messo in bocca a Blandon delle parole. Abbiamo già incontrato il milionario Galindo, che avrebbe fatto fortuna nel settore immobiliare, e Eisenmann de *La Prensa*, ma vale la pena di ricordare che Galindo gode della fiducia di Sol Linowitz della Commissione Trilaterale e del suo stretto collaboratore, il dottor Norman Bailey.

Lopez Michelson

Lopez Michelson è stato presidente della Colombia dal 1974 al 1978, periodo durante il quale è diventato amico intimo di Fidel Castro, che ha reintegrato Carlos Lederer dopo che questi era stato costretto dagli agenti della DEA a fuggire dalle Bahamas. Fu il ministro delle Finanze di Michelson, Rodrigo Bolero Montoya, a facilitare il deposito di dollari di droga da parte dei baroni della cocaina, aprendo la "sinistra finestra" presso la Banca Nazionale della Colombia come parte delle attività di sorveglianza di Michelson per conto dei baroni della cocaina Ochoa, Lederer ed Escobar. Lopez Michelson cercò persino di legalizzare i baroni della droga in cambio della loro offerta di pagare il debito estero della Colombia!

Nicolas Ardito Barletta

Un altro dei lacchè assunti dal Dipartimento di Stato era Nicolas

Ardito Barletta. Amico e confidente di Norman Bailey del Consiglio di Sicurezza Nazionale e capo del "ramo banchieri" dell'NSC-CIA, vicino a Sol Linowitz e William Colby, Barletta era chiaramente un importante alleato della fazione "prendi Noriega". Ho già detto che Panama è diventata un rifugio per i narcotrafficanti e le loro banche di riciclaggio poco dopo che Blandon ha promulgato leggi severe sul segreto bancario: giusto in tempo per il "boom" del commercio di cocaina. Le sue leggi sul segreto bancario non sono mai state messe in discussione, fino a quando il generale Noriega non si è assunto questa terribile responsabilità. Non c'è da stupirsi che Blandon si sia alleato con i suoi nemici. Blandon era conosciuto a Washington come "l'uomo dei banchieri" di Panama.

Steven Sarnos

Identificato come trafficante di droga, Sarnos sembrava godere di un accesso sorprendentemente facile a funzionari dell'amministrazione come l'ammiraglio Poindexter e a notabili come Barletta. Sarnos faceva parte del gruppo composto da Eisenmann, Galindo e altri, che lanciò la campagna diffamatoria contro Noriega. Sembra che Sarnos fosse un altro dei tanti "allenatori" di José Blandon.

Sarnos viaggia per incontrare i suoi contatti americani di alto livello sotto la protezione del programma federale per i testimoni. Forse a seguito delle prove fornite da Sarnos, il suo ex collega e socio in affari Fernandez è stato condannato al carcere per traffico di marijuana. Forse non lo sapremo mai, ma deve essere questo il motivo per cui Sarnos può recarsi negli Stati Uniti, mentre qualcuno come il Presidente Waldheim, ex Segretario Generale delle Nazioni Unite, è sulla lista nera.

La commissione del Senato guidata da John Kerry sembrava fare tutto il possibile per contrastare la performance selvaggia di Blandon. Interrogato dalla stampa sulla testimonianza mutevole, le imprecisioni e le contraddizioni di Blandon, il senatore D'Amato, uno dei membri, ha dichiarato: "I pubblicitari cercheranno di fare qualsiasi cosa per screditare la testimonianza del signor Blandon. Ma alla fine la testimonianza di Blandon si è rivelata solo il prodotto di un'immaginazione troppo matura. La sua affermazione di aver visto documenti che confermavano lo spionaggio della CIA sulla vita privata di alcuni senatori statunitensi, un'accusa fortemente negata dalla CIA ma confermata da Blandon, fece scalpore. La "notizia bomba" di Blandon sulla CIA ha sconvolto la commissione quasi quanto le rivelazioni di Milian sul coinvolgimento delle principali banche statunitensi nel riciclaggio di denaro sporco.

Un'altra delle "influenti figure internazionali" che hanno sostenuto la cospirazione per "catturare Noriega" è Ted Turner della CNN. Si ritiene che Turner sia un membro della Commissione Trilaterale, "addestrato" personalmente da David Rockefeller. Sembra che il suo nome sia stato aggiunto alla lista dei nemici di Noriega. *La Prensa* di Roberto Eisenmann ha tirato un sospiro di sollievo dopo le audizioni della sottocommissione del Senato. Era chiaro che la politica del banchiere drogato per Panama sarebbe stata la politica ufficiale degli Stati Uniti. La campagna guidata dagli Stati Uniti contro il PDF è uscita direttamente dalle pagine de *La Prensa* con i suoi ululati di rabbia per la "repressione". I baroni della cocaina e i loro banchieri scrissero il testo della canzone d'odio che l'amministrazione Reagan intona contro il miglior combattente del narcotraffico del mondo di allora, il generale Manuel Noriega.

Il fatto che Noriega sia stato calunniato dovrebbe dirci qualcosa sulla sua efficacia nella guerra alla droga. Se non fosse un'entità, nessuno a Washington o a Panama se ne preoccuperebbe. Una campagna internazionale di odio e diffamazione raggiunse rapidamente il suo apice e si concluse con la cacciata di Noriega. Sono convinto, sulla base di informazioni della massima affidabilità, che anche dopo la sua estromissione Noriega fosse ancora in grave pericolo. Queste informazioni si sono rivelate corrette con il rapimento e il trasporto di Noriega in una prigione della Florida, seguito da un processo farsa senza precedenti nella giurisprudenza di qualsiasi nazione occidentale. I signori della droga e i loro banchieri non perdoneranno e non dimenticheranno. Noriega era destinato all'eliminazione come il generale Somoza del Nicaragua era destinato all'assassinio.

Dalle audizioni della sottocommissione sono emersi alcuni elementi positivi. Il generale Paul German negò di aver trovato prove di illeciti da parte di Noriega, come avevano sostenuto Blandon e Norman Bailey. Ha detto che non ci sono prove concrete che Noriega abbia legami con i baroni della cocaina. Ci sono state voci, ha detto German, ma non sono mai state trovate prove concrete. La commissione non è riuscita a produrre uno straccio di prova credibile a sostegno delle false accuse contro Noriega, anche se Kerry ha fatto di tutto, eppure è stato condannato all'ergastolo, da cui non uscirà mai.

Blandon, Barletta, Linowitz, Elliot Abrams, Elliott Richardson, Lewis Galindo e Roberto Eisenmann, tra gli altri, vogliono vedere legalizzato il commercio di droga. L'approccio di Richardson a questo tema è stato molto intelligente. Ha sostenuto la legalizzazione delle droghe senza dare l'impressione di farlo. La sua linea era che era "troppo tardi" per cercare di combattere la minaccia delle droghe e che, qualunque fossero gli sforzi fatti per sopprimerle, come l'alcol prima di lui, la soluzione migliore era la legalizzazione delle droghe. Secondo Richardson e la sua fazione di banchieri dell'establishment liberale orientale, ciò si rivelerà molto più efficace ed economico nel lungo periodo - esattamente la linea adottata dal senatore Edward Kennedy nei suoi numerosi tentativi di legalizzare le droghe.

Edward Kennedy è stato risparmiato dal destino dei suoi fratelli, perché è utile per far passare le proposte di legge dell'establishment al Senato - l'unico motivo per cui continua la sua carriera politica. Se Kennedy oserà votare anche solo una volta contro la legislazione a favore dei narcotici, verrà cacciato. Lo sappiamo noi e lo sa lui. È così chiaro. Nel suo articolo, copiato dal Rapporto Sol Linowitz del Dialogo Interamericano del 1986, Richardson cita praticamente le argomentazioni avanzate da *La Prensa* e Carlos Lederer a sostegno della legalizzazione dell'uso di cocaina e marijuana, così come gli Stati Uniti sono stati costretti a legalizzare l'alcol. Il Dialogo interamericano è una confluenza di opinioni tra l'establishment liberale orientale e l'America Latina, che monitora l'elaborazione di politiche trilaterali per la regione sotto gli auspici del Comitato dei 300.

In breve, è lì per soffocare le decisioni della Commissione Trilaterale. L'elenco dei suoi membri permette di valutare rapidamente in che misura questo organismo sia stato creato per eseguire gli ordini della CFR. Quando compaiono i nomi di McGeorge Bundy, Linowitz, Kissinger, John R. Petty, Robert S. McNamara, Barletta e Montoya, possiamo essere certi che il lavoro sporco al bivio esiste.

Samper Pizano, corriere dei baroni della cocaina colombiani, afferma che l'Occidente deve considerare un approccio nuovo e originale al problema della droga. Pizano, che non nega i suoi legami con i baroni della cocaina colombiani, una volta ha consegnato a Lopez Michelson un assegno molto consistente come "contributo" alla sua campagna presidenziale. Michelson accettò il denaro, pur sapendo che proveniva da Carlos Lederer.

La stanca argomentazione della legalizzazione selettiva è stata avanzata anche da Richardson. A quanto pare, 65 milioni di tossicodipendenti negli Stati Uniti non sono sufficienti. Richardson suggerisce che la guerra alla droga non può essere vinta, un altro argomento vecchio e pericoloso, che ignora i colpi di martello che il presidente Garcia è stato in grado di sferrare contro la mafia della cocaina in soli cinquanta giorni, e con risorse strettamente limitate a sua disposizione! L'argomento decisivo è la seguente affermazione: "... l'illegalità delle droghe aggrava i danni causati ai tossicodipendenti e alla società americana". Come funzionario del tribunale, Richardson meritava di essere esaminato dall'American Bar Association, accusato di promuovere la vendita di droga e incriminato per questo motivo. Il Dialogo Interamericano ha il suo club di banchieri del narcotraffico che sostiene i tentativi di legalizzare la droga. Che esista un legame comprovato tra la First Bank of Boston, il Credit Suisse e i baroni della cocaina colombiani non sarebbe difficile da dimostrare; molto meno difficile che cercare di rendere credibile e accettabile la testimonianza contorta di Jose Blandon.

Perché la sottocommissione del Senato, che si occupava di

Noriega, non si è rivolta anche al Credit Suisse, alla First Bank of Boston, all'American Express e alla Bank of America, se voleva davvero proiettare credibilità nella lotta al narcotraffico? Qual è stato il ruolo di John Kerry in tutto questo? Quando il Dipartimento di Stato iniziò a temere davvero Noriega?

Direi che questo avvenne subito dopo il successo dell'azione antidroga congiunta DEA-Panama, denominata "Operazione Fish", che fu rivelata pubblicamente dalla DEA il 6 maggio 1987, in quella che definì "la più grande e riuscita indagine sotto copertura nella storia dell'applicazione della legge federale sulla droga". Il Dipartimento di Stato ha immediatamente avviato una contro-operazione, in collaborazione con le persone citate in questo articolo, per minare il successo dell'"Operazione Pesce" e rimuovere il generale Noriega come comandante della Forza di Difesa di Panama. Il Dipartimento di Stato e i suoi alleati della lobby pro-doping avevano buone ragioni per temere Noriega, come dimostra il seguente estratto di una lettera del 27 maggio 1987 inviata a Noriega dal capo della DEA. John C. Lawn, non potrebbe essere più chiaro:

> Come sapete, l'operazione Pisces, appena conclusa, è stata un successo: sono stati sequestrati diversi milioni di dollari e migliaia di chili di droga a trafficanti internazionali e riciclatori di denaro. Il suo impegno personale (enfasi aggiunta) nell'operazione Fish e gli sforzi professionali competenti e instancabili di altri funzionari della Repubblica di Panama sono stati essenziali per il buon esito di questa indagine. I trafficanti di droga di tutto il mondo sanno che i proventi e i profitti delle loro attività illegali non sono ben accetti a Panama.

Infatti!

In queste ultime righe troviamo la chiave del perché il Dipartimento di Stato si sia messo contro il generale Noriega e perché sia stata lanciata una campagna nazionale di calunnia e diffamazione contro il più efficace combattente del narcotraffico al mondo in quel momento. Le lettere di John C. Lawn sono in netto contrasto con il triste spettacolo degli sforzi di Jose Blandon e del narcotrafficante condannato Milian per oscurare l'uomo più odiato e temuto dai signori della droga colombiani, dai loro banchieri panamensi e dai loro alleati nell'establishment liberale dell'Est, tra i quali si annoverano il *New York Times* e il *Washington Post*.

Le audizioni della sottocommissione del Senato hanno reso un terribile e sfortunato disservizio al popolo americano, sostenendo i signori della droga e i loro banchieri, e hanno insabbiato ciò che rimaneva del programma antidroga, tristemente debole, che il presidente Reagan avrebbe dovuto lasciare nelle mani di George H.W. Bush. Tutto ciò che rimaneva della nostra autostima a brandelli come nazione che si opponeva alla minaccia della droga era il patetico "Just Say No" di Nancy Reagan. Le parole non valgono molto, soprattutto se paragonate agli atti di coraggio che possiamo attribuire al generale Noriega e al presidente Alan Garcia.

La stampa americana di establishment, gli sciacalli, seguendo i dettami del capobranco David Rockefeller, hanno orchestrato la feroce campagna anti-Noriega in America, che ha portato all'incriminazione da parte di un gran giurì di Miami dell'uomo così generosamente elogiato dal capo della DEA. Chi ha torto? È John C. Lawn? Il Noriega che ha elogiato è davvero lo stesso uomo che la stampa, gli avvocati, i banchieri, i bugiardi pagati e le organizzazioni politiche della mafia della cocaina ritraggono come amico e protettore dei narcotrafficanti?

A prima vista, sembra esserci un po' di confusione. O Noriega non è chiaramente l'uomo che John C. Lawn lodava, o i testimoni della sottocommissione del Senato erano dei bugiardi. Lasciamo a voi il compito di trarre le vostre conclusioni. Torniamo alla lista dei "nemici di Noriega" e scopriamo chi sono stati i principali responsabili di questo crimine efferato contro il miglior avversario dei moderni narcotrafficanti.

Generale Ruben Darios Paredes

Questo comandante della Guardia Nazionale panamense in pensione era il nemico più combattivo e pericoloso del generale Noriega. Nonostante la brutale esecuzione del figlio da parte della mafia della cocaina, Paredes è rimasto fedele ai fratelli

Ochoa, anche dopo aver scoperto che gli avevano mentito quando aveva chiamato per chiedere notizie del figlio scomparso. Paredes accettò la parola degli Ochoas che suo figlio era al sicuro, anche se la stampa colombiana strombazzava che Rueben Jr. era già morto, vittima de "los grandes mafioses". Paredes aveva legami di lunga data con Fidel Castro e con il suo autoproclamato "amico speciale", il colonnello Roberto Diaz Herrera. Alla luce di questi fatti noti, non sorprende che Paredes abbia accolto in casa sua i membri dell'esercito privato di terroristi di Carlos Ledher, l'M19, e li abbia protetti dopo che un'unità dell'M19 era stata istituita a Panama per proteggere il laboratorio di cocaina di Darien e i depositi di armi israeliani.

Paredes è stato scelto da Kissinger, Linowitz e dal Dipartimento di Stato per sostituire il generale Noriega, una volta che quest'ultimo è stato costretto a lasciare l'incarico da minacce o azioni penali da parte del Dipartimento di Giustizia. Questa era la base dei cosiddetti "negoziati" con il generale Noriega. Nel luglio 1987, Paredes minacciò di scatenare una guerra a Panama se il generale Noriega non si fosse dimesso. Il ruolo assegnato a Paredes da Kissinger e Linowitz era quello di guastafeste, per garantire che nessun individuo o partito politico diventasse abbastanza forte da minacciare gli interessi dei signori della droga e della loro rete bancaria. Come già detto, quando Torrijos ha mostrato questi segnali, ha avuto un "incidente" aereo fatale. Esiste una prova reale del tipo che la sottocommissione del Senato sta cercando così avidamente, e che non ha trovato nel caso del generale Noriega, che possa collegare Paredes ai baroni della cocaina e ai loro banchieri disonesti? È risaputo che gli Ochoas hanno fatto regali costosi a Paredes, compresi costosi cavalli da corsa purosangue, ma questo non è di per sé una prova sufficiente. C'è poi la questione del rapporto chiaramente stabilito tra il vice di Paredes, il tenente colonnello Julian Melo Barbua, che abbiamo già incontrato, e la cui stretta relazione con Ricardo Tribaldos, Jaime Castillo, Mendez e altri trafficanti di Ochoa come Stephen Samos non è stata contestata e non poteva essere nascosta in alcun modo al generale Paredes.

Quando Lopez Michelson incontrò i baroni della cocaina

colombiani a Panama nel 1984, fu Melo Borbua ad assicurarsi che non venissero disturbati. Ho citato Stephen Samos, perché era sposato con Alma Robles, una sorella dei fratelli Robles il cui studio legale è utilizzato dai signori della droga. Samos era un corriere del sindacato Fernandez, finché non è stato catturato. Secondo le mie informazioni, era ben conosciuto da Melo Borbua e le sue attività non potevano sfuggire all'attenzione di un uomo come il generale Paredes.

Paredes, nonostante i suoi noti legami con la droga, era molto ricercato dagli sciacalli dei media statunitensi. Ha ricevuto recensioni piuttosto favorevoli dalla stampa, il suo sordido passato apparentemente ben nascosto, allo stesso modo in cui il generale Pitovranov della Missione economica e commerciale degli Stati Uniti (USTEC) è amato dalla stampa americana, nonostante il suo noto passato di capo di una squadra mondiale di sequestri e omicidi del KGB.

Dr. Norman Bailey

Il background di Bailey è legato al Consiglio di Sicurezza Nazionale, dove ha prestato servizio prima di unire le forze con Sol Linowitz, l'autore del famigerato affare del Canale di Panama. Mentre era membro del Consiglio di Sicurezza Nazionale, Bailey fu incaricato di studiare il movimento del denaro della droga, il che gli permise di avere un'esperienza diretta di Panama. Come conseguenza diretta dei suoi studi, Bailey divenne amico di Nicholas Ardito Barletta. Si ritiene che Bailey abbia sviluppato un odio per Noriega, incolpandolo della perdita della carica presidenziale da parte di Barletta. Bailey ha dichiarato:

> Ho iniziato la mia guerra contro Panama quando il mio amico Nicky Barletta si è dimesso da Presidente di Panama.

Bailey ha imparato molto sulle leggi sul segreto bancario di Panama dall'uomo responsabile di averne fatto un rifugio per i narcotrafficanti e le banche di riciclaggio del denaro sporco di cui è diventato un sostenitore.

Perché Bailey avrebbe dovuto offendersi per il licenziamento di

Barletta? Perché Barletta era l'"uomo sul campo" che rappresentava i vertici dell'establishment britannico e americano, coinvolti fino alle sopracciglia nel traffico di droga, naturalmente a distanza di sicurezza. Era anche l'uomo del Fondo Monetario Internazionale (FMI) in loco a Panama per garantire che i suoi dettami fossero obbediti senza alcun dubbio, ed era il preferito di George Shultz. Quando il generale Noriega si oppose alle misure di austerità del FMI, si scontrò frontalmente con Ardito Barletta e, per procura, con l'establishment elitario di Washington. All'insaputa di Bailey, il generale Noriega aveva parlato con Alan Garcia, le cui tattiche avevano difeso con successo il Perù dalle depredazioni dell'FMI e che Noriega aveva poi adottato per Panama.

Di conseguenza, Bailey è stato estromesso quando ha cercato di diventare l'esecutore della FISM. Fu allora che la decisione di scatenare una guerra totale contro Noriega e la Guardia Nazionale fu presa da George Shultz su consiglio di Norman Bailey e del suo socio d'affari William Colby, il cui studio, Colby, Bailey, Werner e Associati, era stato consultato da riciclatori di denaro sporco panamensi e americani in preda al panico. Da quel momento in poi, il generale Noriega non fu mai chiamato in altro modo che "dittatore".

Bailey sostiene che non era interessato a liberarsi di Noriega. Era più importante, dice, sbarazzarsi di lui militarmente, perché, secondo Bailey, "Panama è il Paese più pesantemente militarizzato dell'emisfero occidentale". Questa notevole affermazione deve essere confrontata con il fatto noto che fu Bailey a redigere le accuse contro Noriega da parte di Blandon, Eisenmann e Weedon. Bailey, in qualità di membro del gruppo di azione civica che si impegnò a fondo per spodestare Noriega e sostituirlo con quella che Bailey amava definire una "giunta civile", che avrebbe indetto libere elezioni una volta preso il potere, per le quali aveva fissato una scadenza di un anno.

Bailey ha contribuito in modo determinante alla diffamazione di Noriega da parte del *New York Times* e del *Washington Post*, che definisce "fatti al 98%". Anche se solo il 2% non è un dato di fatto, allora sicuramente i suoi articoli devono essere totalmente sospetti. Attraverso Bailey, la cospirazione contro il generale Noriega ha chiuso il cerchio, dai baroni della cocaina in Colombia alle élite di Washington, Londra e New York. Fu attraverso Bailey che si stabilì il legame tra la mafia assassina della cocaina di bassa lega e i nomi rispettabili e intoccabili dell'establishment sociale e politico di Washington, Boston, Londra e New York, incarnati da Elliott Richardson e George Shultz.

In gioco ci sono le enormi somme di denaro generate dai trafficanti di droga, che sono ancora illegali, ma potrebbero non esserlo per molto tempo ancora, date le pressioni sui legislatori per "rilassare" il "consumo sociale" di droghe come la marijuana e la cocaina. Dietro le pressioni contro il fumo c'è la campagna della lobby della droga per legalizzare l'"uso leggero" di droghe pericolose e che creano dipendenza. Il Surgeon General sostiene che la nicotina crea dipendenza quanto la cocaina e l'eroina. Le implicazioni sono ovvie. Abbandonate il fumo antisociale, che ha dimostrato di avere rischi di cancro, e passate invece alla cocaina o alla marijuana, che non sono cancerogene. Le vendite di farmaci, che attualmente superano di gran lunga quelle di benzina, potrebbero presto superare quelle di sigarette.

Il "mercato" della cocaina è ancora relativamente poco sfruttato. Se altri milioni di persone si trasformano in zombie tossicodipendenti, che dire, come direbbe Bertrand Russell se fosse vivo oggi. Quando Noriega fu arrestato da George Bush il Vecchio e dal suo esercito di 7.000 soldati americani, l'Unione Sovietica vinse, grazie alla collaborazione con Cuba di Castro. Fu in grado di estendere la sua influenza in tutta l'America Latina. Un secondo vantaggio di questo commercio è l'aumento della produzione di cocaina e marijuana che rende possibile. Gli Stati Uniti ne hanno risentito, poiché le droghe sono diventate più economiche e grandi quantità sono diventate disponibili per i "nuovi" consumatori, che non sono necessariamente diventati tossicodipendenti, o almeno così si dice. In questo modo, i baroni della droga si sono assicurati il pieno sostegno del *New York Times*, che parla per gli interessi britannici, e del *Washington*

Post. Negli ultimi anni entrambi i giornali hanno pubblicato numerosi articoli a favore della legalizzazione dell'uso di marijuana e cocaina.

Il Senato ha dichiarato guerra a Panama proprio come ha dichiarato guerra al Sudafrica. Il patriottismo del popolo americano è stato risvegliato dai riferimenti all'esercito panamense come pericolo per la sicurezza del canale. De Concini è stato l'inutile burattino della destra che ha firmato il documento di abbandono, con "riserve", che non sono state accettate da Panama, per cui è stato promosso come uomo saggio e prudente per aver preteso il codicillo quando non era e non è altro che un forfait, che ha agito come un abbandono del canale americano a Panama. La situazione in America centrale è diventata un pericolo per gli interessi della sicurezza nazionale degli Stati Uniti. A Panama è stata imposta una "democrazia" di tipo filippino. Per ottenere il via libera al Trattato sul Canale di Panama, il Senato dichiarò che il generale Noriega doveva dimettersi. Se si fosse rifiutato di obbedire, sarebbe stato costretto ad andarsene. Questo è stato il consenso della delegazione di sei membri del Senato che ha visitato Panama dal 12 al 16 novembre 1987.

La delegazione non ha menzionato la spaventosa minaccia rappresentata dai narcotrafficanti e il loro legame con Cuba, per non parlare della minaccia per la nostra economia derivante dalla fuga di dollari americani verso le banche panamensi che riciclano denaro. In nome della democrazia, il controllo di Panama è stato strappato a Noriega e consegnato ai trafficanti internazionali di droga e Panama è stata stravolta dal trattato sul canale. La minaccia di inviare l'esercito statunitense a Panama se i "disordini" minacciano la sicurezza del canale non è menzionata esplicitamente, ma è chiaramente implicita. Fu per creare questo disordine che il veterano John Maisto fu inviato a Panama.

Giovanni Maisto

Chi è John Maisto? Era il numero due dell'ambasciata statunitense a Panama al momento del "trasferimento" in quel Paese. In precedenza era stato inviato in Corea del Sud, nelle

Filippine e ad Haiti per creare disordini nelle strade e guidare "dimostrazioni" contro le autorità. È stato molto attivo nelle strade di Panama ed è una vergogna che all'agente provocatore Maisto sia stato permesso di farla franca con il suo comportamento oltraggioso. Il Senato ha deliberatamente e maliziosamente contribuito al deterioramento delle condizioni a Panama continuando a insistere sul fatto che il "dittatore" Noriega era impegnato in attività criminali e che il suo rifiuto di accettare i diritti di difesa degli Stati Uniti, su cui si basa il Trattato di Panama, metteva in pericolo l'intero trattato.

Diritti di difesa" in questo caso significava stazionare le truppe statunitensi nelle aree in cui Maisto stava lavorando per fomentare i disordini, una provocazione deliberata, poiché i militari sono ben consapevoli dei pericoli insiti nello stazionare le truppe in aree di disordini civili. Se hanno imparato qualcosa dall'Iraq, le forze armate dovrebbero sapere che non è il caso di mettere il personale militare statunitense nel mezzo di una situazione insostenibile e instabile.

Un'altra falsità che deve essere smascherata è la storia secondo cui il generale Noriega avrebbe ricevuto aiuti dalla Libia. Si tratta di una montatura progettata per screditare Noriega. Le mie fonti hanno impiegato tre mesi per indagare su queste accuse e hanno scoperto che non avevano alcuna consistenza.

Il Dipartimento di Stato aveva condotto una campagna di disinformazione con l'aiuto di Ted Turner della CNN, proprio come la BBC aveva condotto la sua campagna di disinformazione contro lo Scià dell'Iran. Ma nonostante tutto questo, il bagno di sangue previsto per Panama dalla campagna di disinformazione e dalle attività nefaste di John Maisto non si è verificato. Il generale Paredes, che, come abbiamo già spiegato, era il portavoce dei baroni della cocaina, dei loro banchieri e dei loro finanziatori politici, aggiunse la sua voce al crescendo di calunnie contro il generale Noriega, predicendo terribili conseguenze per Panama se Noriega non si fosse dimesso immediatamente. Il Presidente Reagan, che non aveva idea di chi fossero i "cattivi", diede a Noriega una scadenza per le dimissioni nell'aprile 1988. Come se Panama facesse parte degli Stati Uniti! Noriega non volle adeguarsi, così la scadenza fu posticipata a metà maggio. Secondo una fonte di Washington, Reagan vuole liberarsi di Noriega in tempo per il suo incontro "al vertice" con Gorbaciov. Norman Bailey intensifica le sue richieste di scioglimento della Guardia Nazionale Panamense, che rappresenta un "pericolo" per l'intera regione.

Parlando a un forum alla George Washington University di Washington D.C., Bailey ha detto che Noriega si sarebbe arreso solo se il popolo panamense fosse sceso in strada, fosse stato colpito e avesse reagito. A meno che non ci siano telecamere per registrare questi eventi, sarebbe uno sforzo inutile. Non succederà nulla a Panama, non ci si libererà di Noriega e delle istituzioni PDF se la gente non scende in piazza", ha detto Bailey. Per questo Maisto si trovava a Panama, dove ha messo in pratica la sua esperienza di mafia maturata in Corea del Sud, nelle Filippine e ad Haiti.

Quello che Maisto e Bailey volevano era una "Sharpeville" panamense - la rivolta istigata dal Dipartimento di Stato che attraversò la township nera di Sharpeville in Sudafrica e che causò la morte di 70 rivoltosi neri - che le telecamere erano lì per registrare. Da allora Sharpeville è stata una maledizione per il Sudafrica. La goccia che fece traboccare il vaso per Noriega fu l'incriminazione da parte di un gran giurì di Miami. Per riassumere ciò che era già successo a Panama:

Le forze della droga e i loro banchieri si allearono con l'establishment politico di Washington per sbarazzarsi del generale Noriega e sostituirlo con un regime fantoccio gestito da Washington. Quali erano le ragioni di questa azione? In primo luogo, Noriega stava facendo deragliare il lucroso e fiorente commercio di cocaina e marijuana di Panama e, in secondo luogo, si rifiutava di cooperare con il piano andino di Kissinger per trasformare l'America Centrale in un campo di battaglia in stile Vietnam per le forze statunitensi.

Queste erano considerate ragioni sufficienti per porre Panama sotto assedio. Qual è stato il risultato? Il generale Noriega rifiutò di continuare a ritirarsi. Vennero quindi create situazioni artificiali, tra cui assemblee tumultuose, difficoltà economiche e agitazioni sindacali, con l'obiettivo di rendere Panama ingovernabile. A quel punto intervenne l'esercito statunitense, apparentemente per mettere in sicurezza il canale, ma in realtà per rapire Noriega e portarlo in Florida per il processo. Questo è il modo in cui è stata condotta la politica estera degli Stati Uniti per Panama. Siamo una nazione adatta a governare l'Occidente? Vi lascio trarre le vostre conclusioni!

Il generale Noriega era in qualche modo responsabile dei problemi di Panama? Era in qualche modo lo spacciatore che il Gran Giurì e il Senato sostenevano che fosse? Perché Panama è improvvisamente oggetto di tanta attenzione, ancor più di quando il nostro canale fu consegnato al generale "anticomunista" Omar Torrijos?

Quando si colpisce qualcuno nel portafoglio, si può essere certi che fa male. E questo è esattamente ciò che il generale Noriega era colpevole di fare. Ha colpito i signori della droga al portafogli. È costato alle banche che riciclano il denaro sporco della droga gran parte dei loro guadagni illeciti. Ha gettato discredito sui banchieri. Ha sconvolto lo status quo; ha dato forza alle leggi bancarie di Panama. Inoltre, ha ostacolato Henry Kissinger e interrotto la vendita di armi israeliane in America centrale. Ha pestato i piedi a persone potenti. Non c'è da stupirsi che il generale Noriega sia stato scelto per il ruolo di cattivo. La presidenza Carter ha prodotto un'esplosione del commercio di cocaina. Nei sei mesi successivi all'ingresso di Carter alla Casa Bianca, la nostra situazione monetaria era in disordine. La Federal Reserve non aveva previsto la corsa al dollaro e ha avuto difficoltà a soddisfare la domanda delle banche della Florida. Il sistema monetario era in disordine. Sei mesi dopo l'insediamento di Jimmy Carter alla presidenza, le banche della Florida registravano 514 miliardi di dollari di incassi da cocaina.

Carlos Ledher del cartello della droga colombiano ha trovato un amico comprensivo e benevolo nel dottor Peter Bourne, consigliere di Jimmy Carter alla Casa Bianca per le questioni legate alla droga. Gli Allman Brothers, che facevano uso di droghe, furono accolti alla Casa Bianca, nonostante fossero consumatori di "coca". Ledher coltivò il suo "legame con Carter" e senza dubbio si rallegrò quando Bourne iniziò a rilasciare prescrizioni di droghe per la dipendenza ai suoi amici e colleghi - cosa che, tra l'altro, gli permise di sfuggire alle sanzioni previste.

Queste condizioni di "boom" hanno creato una splendida opportunità per i signori della droga, soprattutto a Panama. A Torrijos non interessavano questi eventi. Il controllo della Zona del Canale e la costruzione di un'economia panamense redditizia erano le cose che più gli interessavano. Se la cocaina e la marijuana erano un mezzo per raggiungere questo scopo, così sia! Il suo atteggiamento era "vivi e lascia vivere".

L'amministrazione Carter ha appoggiato le richieste del Fondo Monetario Internazionale di far coltivare all'America Latina "colture da reddito" (marijuana e cocaina) per far fronte agli obblighi del debito internazionale. Il FMI ha ufficialmente incoraggiato diversi Paesi, tra cui la Giamaica e la Guyana, a coltivare colture da reddito legate alla droga. La posizione del FMI è ben nota. John Holdson, un alto funzionario della Banca Mondiale, ha affermato che l'industria della coca è molto vantaggiosa per i produttori e ha aggiunto: "Dal loro punto di vista, semplicemente non potrebbero trovare un prodotto migliore". L'ufficio colombiano del FMI ha dichiarato apertamente che, per quanto riguarda il FMI, la marijuana e la cocaina sono solo un'altra coltura che porta la valuta estera necessaria alle economie dei paesi latinoamericani! La Banca Mondiale e il FMI non sono gli unici ad aver "approvato" il commercio di droga.

La Midland and Marine Bank è stata acquisita dalla Hong Kong and Shanghai Bank, la più importante banca del mondo che si occupa di droga, con l'esplicito permesso dell'ex capo del Dipartimento del Tesoro Paul Volcker, anche se sapeva benissimo che lo scopo dell'acquisizione era quello di dare alla

Hongshang Bank un punto d'appoggio nel lucroso commercio di cocaina di Panama. In realtà, l'acquisizione di Midland da parte di Hongshang è stata altamente irregolare, al limite del criminale. La Midland Marine Bank era notevole per un motivo: fungeva da banca di compensazione per le banche della droga a Panama! Non è un caso che la Banca di Hong Kong e Shanghai l'abbia rilevata! Nicolas Ardito Barletta era nel consiglio di amministrazione della Midland Bank, così come Sol Linowitz. Strano che questi nomi continuino a venire fuori! A quanto pare, Linowitz non ha pensato che si trattasse di un conflitto di interessi quando è arrivato il momento di "negoziare" con Torrijos.

Che dire della First Boston, che lava il denaro sporco della droga fino al collo in collaborazione con il Credit Suisse? First Boston non è una banca qualsiasi. I proprietari originari erano la vecchia famiglia liberale orientale dei Perkins, legata all'impero dei White Weld in Svizzera. Tra l'altro, Perkins era l'agente di J.P. Morgan e di varie altre case britanniche che operavano negli Stati Uniti. Il fatto che gli Stati Uniti d'America abbiano fatto di tutto per sbarazzarsi di un "dittatore" di un piccolo Paese dovrebbe dirci qualcosa. Dovrebbe renderci curiosi di scoprire cosa c'è dietro lo sforzo concertato di banchieri, politici e sciacalli della stampa per sbarazzarsi del generale Noriega. Spero che con le informazioni che vi ho fornito possiate capire perché Panama è ancora sotto assedio!

Fin dal primo segnale, nel 1986/87, che qualcosa non andava nei piani dei banchieri della droga di usare il generale Manuel Noriega come loro strumento, le banche Rockefeller e Wall Street iniziarono a complottare per estrometterlo dal potere. Tuttavia, quando tutti i tentativi sono falliti, sono state prese in considerazione misure più radicali. È chiaro che nel 1988 Noriega era diventato un serio ostacolo al traffico di droga a Panama. Esamineremo ora le misure straordinarie adottate da Rockefeller per rimuoverlo dall'incarico a causa dei suoi attacchi alla Banca Iberoamericana di Panama, e le implicazioni che ne seguirono.

Perché il presidente G.H.W. Bush ha dovuto ricorrere all'azione criminale di invadere Panama e di rapire il suo capo di Stato? Sono state avanzate molte ragioni per questa azione davvero illegale e ne esamineremo alcune. Se il popolo americano non fosse stato immerso in una nebbia permanente, l'invasione di Panama da parte dell'esercito statunitense avrebbe suscitato un enorme clamore.

Noriega era al servizio della Central Intelligence Agency? Alfredo Duncan, l'agente della DEA in carica a Panama, lo credeva? Se così fosse, potrebbe contribuire a spiegare il suo strano comportamento. Secondo quanto riferito da un agente della DEA sotto copertura che si è dimesso dal suo incarico, egli riteneva che Duncan avesse "un rapporto eccezionale con la CIA".

Questo sarebbe anche il caso dell'hotel Marriott di Panama, noto ai narcotrafficanti come "hotel della DEA". Lo stesso agente si lamentava di non essere mai riuscito a convincere Duncan a "fare qualcosa" riguardo alle operazioni di droga pianificate a Panama per le quali era necessario il suo aiuto. Quando gli fu ordinato di arrestare un uomo chiamato Remberto, un boss del riciclaggio di denaro sporco a Panama, Duncan apparentemente non fece nulla e, quando fu interrogato sulla sua negligenza, disse che Remberto era stato portato via dalla CIA prima che potesse agire.

In seguito è stato affermato che Remberto aveva legami con Noriega, ma non sono mai state prodotte prove a sostegno di questa affermazione. Nel 1986, Noriega chiuse la First Inter America Bank quando fu dimostrato che era di proprietà del cartello di Cali.

Che cos'è il Cartello di Cali? Si trattava probabilmente di uno dei più grandi cartelli della droga in Colombia, che avrebbe lavorato con le agenzie governative statunitensi contro il cartello di Medellin. Il *Washington Post* lo ha ammesso. Uno dei lobbisti ufficiali di Cali era Michael Abbell, che è stato dipendente del Dipartimento di Giustizia per 17 anni. Il 28-29 ottobre 1989, il presidente Bush e i suoi alleati hanno tenuto un incontro al vertice in Costa Rica, a cui hanno partecipato i leader politici dell'America centrale e meridionale. Nella successiva conferenza stampa, il Presidente Bush ha dichiarato ai giornalisti: "I giorni di quel despota, di quel dittatore (Noriega), sono finiti.

Questo ha inviato alla stampa il segnale che il caso "urgente" di Noriega era stato risolto attraverso una consultazione congiunta con il Venezuela e il Nicaragua, tra gli altri, anche se Bush ha cercato ufficialmente di prendere le distanze dal Presidente del Nicaragua Daniel Ortega. Per quanto il presidente Bush abbia cercato di dare l'impressione di un verdetto unanime contro il leader panamense, il fatto che la maggioranza della giuria, la Bolivia, il Guatemala e la Repubblica Dominicana non si siano nemmeno presentati al "processo", un fatto che avrebbe fatto infuriare Bush e il suo capo esecutivo, James Baker III. Il presidente Carlos Salinas Gortari avrebbe avuto un ruolo chiave nel caso del linciaggio. Forse Gortari decise che la discrezione era la parte migliore del valore, dopo aver evitato per un soffio un grave scandalo di droga in cui uno dei suoi generali più importanti fu salvato dall'arresto in un affare di droga da una telefonata di avvertimento dell'allora procuratore generale Edwin Meese su ciò che sarebbe accaduto. Il presidente venezuelano Carlos Andreas Perez, pur non essendo un cavaliere bianco, fu quello le cui fonti di intelligence dissero che ci sarebbe stato un colpo di Stato contro Noriega con la scusa di una "forza congiunta" il 3 ottobre 1989, ma il tentativo fallì. Così come il tentativo di fare pressione sulle nazioni latinoamericane affinché interrompano le relazioni diplomatiche con Panama. Il presidente Bush ha detto ai capi di Stato che avrebbero dovuto appoggiare il suo piano per affrontare Noriega, altrimenti... Ma la conferenza si è conclusa senza un accordo finale.

Questo dimostra quanto Bush temesse Noriega e quanto il suo governo fosse disposto ad abbassarsi per raggiungere i suoi scopi. Bush ha incontrato le "forze di opposizione" panamensi, la cosiddetta Alleanza Civica dell'Opposizione Democratica Panamense, composta da personaggi pubblici noti per i loro legami con banche di Panama e della Florida che riciclano il denaro della droga. Il suo leader, Guillermo Endara, andò in televisione e chiese apertamente l'assassinio di Noriega.

Al suo ritorno a Panama, Endara ha negato di aver mai chiesto un'azione del genere. Noriega ha poi contrastato i complottisti costaricensi facendo inviare al presidente Rodriguez una lettera aperta ai presidenti latinoamericani, che conteneva una copia dell'offerta alle Nazioni Unite di fare di Panama il quartier generale di una forza multinazionale antidroga, fatto che il presidente Bush non aveva messo in evidenza.

La lettera del 3 ottobre 1989 alle Nazioni Unite chiedeva che tale forza fosse istituita attraverso un trattato internazionale che le garantisse piena autorità a Panama, ma non ci fu alcuna risposta da parte dell'amministrazione Bush o delle Nazioni Unite. La lettera ha anche castigato il Venezuela e altri "partner di Bush" per aver chiesto la "democrazia" a Panama, senza mai menzionare il boicottaggio illegale e pernicioso messo in atto dal presidente Bush senza ragioni valide o appropriate. Per tutto l'ottobre e il novembre del 1989, le forze statunitensi a Panama hanno tormentato le forze di difesa panamensi, sperando di creare un incidente che giustificasse l'intervento militare degli Stati Uniti, ma il PDF non ha fatto nulla. In seguito (maggio 1989) l'amministrazione Bush cambiò le regole di ingaggio delle forze statunitensi a Panama.

Ora è stato ordinato ai militari di fare tutto il possibile per cercare scontri con i PDF. Il Pentagono si stava preparando segretamente a provocare i soldati di Noriega inviando convogli attraverso la periferia di Panama City, in contraddizione con il trattato con Panama. La premessa di fondo era che Noriega si sarebbe arrabbiato e avrebbe ordinato ai PDF di affrontare i convogli statunitensi, ponendo così le basi per un conflitto di grandi proporzioni.

Intervento degli Stati Uniti

L'8 luglio 1989, il generale Cisneros, comandante dell'esercito statunitense del Sud a Panama, respinse i tentativi dell'Organizzazione degli Stati americani (OSA) di negoziare e risolvere la crisi. Il generale Cisneros ha dichiarato che l'OAS

"... non avrebbe agito con sufficiente fermezza per sloggiare Noriega. Per quanto mi riguarda, credo sia giunto il momento di un intervento militare a Panama".

Da quando l'esercito americano decide sulle questioni politiche? Questa azione è stata una sorta di prova di ciò che Bush aveva in mente per l'Iraq. Il 20 dicembre 1989, dopo che tutti gli altri metodi avevano fallito nel tentativo di sloggiare il popolare Noriega, Bush diede il via libera a un atto di aggressione violenta contro il popolo panamense, che causò la morte di 7.000 panamensi e la distruzione dell'intera regione di Chorrillo con un bombardamento prolungato di truppe e aerei statunitensi. Questa azione, condotta dall'esercito statunitense, è stata un atto di aperta aggressione contro una nazione pacifica, in flagrante violazione della Costituzione americana e delle Convenzioni dell'Aia e di Ginevra di cui gli Stati Uniti sono firmatari.

Esaminiamo le vere ragioni per cui il presidente Bush, senza prima ottenere una dichiarazione di guerra dal Congresso, è entrato in guerra contro la piccola nazione di Panama e, come un desperado, ha ordinato il rapimento del capo di Stato? Perché il presidente Bush ha dovuto ricorrere a mezzi così disperati per liberarsi di Noriega? Perché Bush ha fatto ricorso a queste tattiche da gangster? Secondo alcuni resoconti, uno dei motivi principali è stato quello di avvertire le nazioni latinoamericane che d'ora in poi, se non si fossero piegate alla volontà di Washington, sarebbero state minacciate di azioni militari statunitensi.

Non c'è motivo di credere che la massiccia campagna di propaganda che circondava l'azione militare illegale degli Stati Uniti contro Panama e Noriega, che il Presidente voleva far credere al mondo che avrebbe posto fine al traffico di droga a Panama e che aveva accusato Noriega di essere il leader, abbia avuto un successo anche solo parziale. Non ci sono precedenti nella Costituzione statunitense o nel diritto internazionale per un attacco non provocato a Panama.

Quali prove concrete ha fornito il presidente Bush a sostegno delle sue accuse? Non è stata offerta nemmeno una prova.

Dovevamo semplicemente credere alla parola del Presidente. Quali erano allora gli obiettivi dell'invasione? Il primo obiettivo era distruggere la forza di difesa panamense, l'unica in grado di mantenere l'ordine pubblico nel Paese. Raggiunto questo obiettivo, il passo successivo è stato quello di installare, con i mezzi più antidemocratici possibili, un regime fantoccio composto da persone con i legami più stretti con le banche che riciclano il denaro della droga e da noti sostenitori di lunga data della famiglia Bush.

La distruzione della PDF aveva un altro scopo, secondario, che riguardava i trattati sul Canale di Panama, in base ai quali gli Stati Uniti e Panama avrebbero dovuto difendere congiuntamente il canale. Questo impegno sarebbe stato rimosso nel 1999, quando la PDF sarebbe stata abbastanza forte da assumersi la piena responsabilità della sorveglianza del canale e le forze militari statunitensi sarebbero state costrette a lasciare il Paese. Una disposizione chiave dei trattati stabiliva che, nel caso in cui Panama non avesse rispettato i suoi obblighi nel fornire tale forza di sicurezza, sarebbe stata mantenuta una "presenza militare statunitense". Questa disposizione era considerata una "buona" disposizione quando fu inserita da Sol Linowitz, che redasse i trattati. Il documento serviva a impedire a qualsiasi futuro leader panamense di "uscire dalle righe", anche se non erano previsti problemi con Omar Torrijos.

Quando Torrijos iniziò a rinnegare i suoi accordi personali con David Rockefeller per proteggere le banche di riciclaggio del denaro della droga, non fu possibile in quella fase distruggere il PDF, anche se furono fatti molti tentativi per iniziare una rivolta che avrebbe diviso il corpo, ma tutti fallirono. Torrijos è stato quindi "liquidato" alla maniera della CIA. La "liquidazione" è diventata il linguaggio della CIA dopo il mandato di Alan Dulles. Prima di allora, il termine non era mai stato usato da nessuna agenzia di intelligence statunitense. Era una parola strettamente stalinista.

Perché sarebbe auspicabile mantenere le forze statunitensi a Panama in modo permanente? L'avvento della Guerra del Golfo e la seconda invasione dell'Iraq da parte delle forze statunitensi forniscono la chiave di lettura. Gli Stati Uniti volevano dislocare una forza di dispiegamento rapido a Panama da utilizzare contro le nazioni latinoamericane e caraibiche recalcitranti, così come una forza di dispiegamento rapido sarà permanentemente dislocata in Iraq per affrontare i Paesi musulmani che potrebbero desiderare di non essere mai stati amici degli Stati Uniti. Questa è la cosiddetta "dottrina di proiezione emisferica" stabilita dai pianificatori del Pentagono. Vedremo basi permanenti simili in molte parti del mondo, tra cui il Pakistan, la Corea del Sud, la Somalia, l'Iran e l'Afghanistan, mentre gli Stati Uniti attenuano il loro ruolo di esecutori del "grande bastone" per l'esecutore globale che abbiamo imparato a conoscere come Nuovo Ordine Mondiale. Eppure, finora, non si è levata una sola voce di protesta in Senato. Potrei aggiungere, senza modestia, che questi eventi sono stati predetti nel mio libro, *One World Order, Socialist Dictatorship*.[4]

Panama è diventata importante come base per le operazioni degli Stati Uniti contro le nazioni dell'America Latina, che in futuro potrebbero ribellarsi all'esattore dei tributi, il FMI, vedendo i loro popoli e le loro nazioni scomparire nel pantano creato dai cambiavalute internazionali. È chiaro che la "forza di polizia internazionale" dell'FMI, gli Stati Uniti d'America, dovrebbe intervenire immediatamente nel caso in cui un paese tentasse di estromettere l'FMI. Le basi di Fort Clayton assunsero così una nuova importanza. L'America Latina è stata intimidita e spaventata dalla spietatezza delle azioni militari statunitensi a Panama. A dire il vero, i leader di queste nazioni non se lo aspettavano e quando è arrivato, la sua ferocia li ha spaventati, il che era esattamente ciò che doveva fare.

È chiaro che la maggior parte dei leader latinoamericani pensava che l'Ordine dei Teschi e delle Ossa fosse una sorta di

---

[4] *La dittatura dell'ordine mondiale socialista*, Omnia Veritas Ltd, www.omnia-veritas.com.

organizzazione benevola, "come gli Shriner", che avrebbe creato "un'America più buona e gentile", come disse un funzionario.

Poco sapevano del coinvolgimento della Corona britannica nelle attività statunitensi e dei suoi legami di lunga data con il traffico di droga. A sostegno di queste informazioni, Endara, insediatosi con la forza e in modo non democratico, propose che dopo il 2000 tutte le basi di Panama fossero messe a disposizione dell'esercito statunitense.

Il secondo obiettivo dell'invasione di Panama da parte di Bush è stato l'insediamento di un nuovo governo di marmittoni selezionati con una storia di alleanze di lunga data con le banche, la cui attività principale era il riciclaggio del denaro sporco per alcuni dei più importanti cartelli della cocaina. La missione di Bush era quella di proteggere gli interessi delle banche Rockefeller a Panama, che il generale Noriega aveva iniziato a sventrare e minacciare di demolire. In effetti, questo obiettivo di Bush è stato raggiunto.

Il terzo obiettivo dell'invasione di Panama era far credere al popolo americano che si trattava di un'importante escalation della guerra alla droga del Presidente, quell'azione mitica e inesistente che non va mai da nessuna parte. Con l'invasione di Panama, Bush sapeva che la sua "guerra alla droga" avrebbe avuto un grande impulso, soprattutto a Capitol Hill, dove i legislatori erano irritati dalla mancanza di progressi e sottoposti a continue pressioni per la legalizzazione delle droghe. La fase successiva consisterebbe nell'organizzare una "guerra al terrore", di portata globale e di durata indefinita.

Nel febbraio 1990 iniziarono ad accadere cose molto strane. I media americani, da sempre strenui sostenitori di Bush e del suo regime autocratico, hanno iniziato a emettere suoni insoliti. Prendiamo ad esempio l'articolo del *New York Times* del 7 febbraio. Anche tenendo conto del fatto che il giornale è un avamposto dell'intelligence britannica con funzionari americani alla guida, non ha senso che il giornale abbia pubblicato la verità.

Facendo riferimento agli articoli precedenti, è notevole che il

New York Times (NYT) abbia nominato proprio le persone che criticavo per essere troppo vicine alle banche corrotte che riciclano il denaro della droga. Sotto il titolo "Panama resiste alle pressioni degli Stati Uniti per modificare le inadeguate leggi bancarie", l'articolo afferma:

> *Un attento esame dei registri bancari panamensi e dei documenti giudiziari mostra che molti alti funzionari governativi (istituiti dagli Stati Uniti), sebbene non siano mai stati accusati di riciclaggio di denaro, hanno stretti legami con le banche corrotte. Molte di queste banche sono state incriminate per riciclaggio di denaro o sono state chiuse a causa delle pressioni degli Stati Uniti.*

L'articolo non diceva che era stata un'azione di Noriega, che aveva chiuso queste banche e che gli Stati Uniti non avevano appoggiato Noriega. Quando ho esaminato tutti i fatti, i pezzi del puzzle hanno cominciato a cadere al loro posto. Naturalmente, il *New York Times* cercava di dimostrare che gli Stati Uniti avevano istigato la chiusura delle banche, mentre non era affatto così; inoltre, incolpando la "resistenza" ai cambiamenti che si presumeva provenisse da Washington, si poteva far credere che gli Stati Uniti stessero davvero conducendo una guerra alla droga, ma che il nuovo governo non stesse collaborando, il che, il lettore deve convenire, era uno stratagemma piuttosto intelligente.

L'articolo prosegue:

> *Il presidente Guillermo Endara è stato per anni direttore di una banca panamense ampiamente utilizzata dal cartello colombiano di Medellin.*

È stato gratificante per me ricevere la conferma di informazioni fornite molti anni prima nelle mie monografie su Panama, anche da una fonte così inaspettata. Il Banco Interoceanico de Panama, una delle due dozzine di banche panamensi indicate dall'FBI come riciclatrici di denaro sporco, è la banca a cui si riferisce il *New York Times*. Ha poi aggiunto:

> *Endara, che prima di diventare presidente era un avvocato d'affari, è un amico intimo di Carlos Eleta, un uomo d'affari*

panamense arrestato ad Atlanta in aprile (1989) con l'accusa di aver cospirato per mettere in piedi un importante traffico di cocaina. È stato rilasciato su cauzione e ora è in attesa del processo.

Naturalmente il *New York Times* non è andato fino in fondo, ma quello che non ha detto si può trovare qui, e cioè che non era solo Endara a essere coinvolto fino al collo nel riciclaggio di denaro bancario, ma anche i suoi amici che erano molto favoriti dall'amministrazione Bush.

Altri membri di spicco del "gabinetto di Panama" dell'amministrazione Bush sono i seguenti:

Rogelio Cruz

Cruz è il procuratore generale di Panama. In precedenza è stato direttore della First Inter American Development Bank. Questa banca era di proprietà di Gilberto Rodriguez Orejuela, un uomo ai vertici del cartello di Cali in Colombia, di cui ho già parlato.

Guillermo Billy Ford

È il secondo vicepresidente e presidente della commissione bancaria. Si dà il caso che sia anche proprietario della Bank of Dadeland, che è stata specificamente indicata nelle mie monografie come una banca per il riciclaggio di denaro sporco. La banca era anche la stanza di compensazione dei soldi della droga per Gonzalo Mores, il principale riciclatore del cartello di Medellin.

Ricardo Calderon

Calderon è il primo vicepresidente di Panama e i documenti mostrano che la sua famiglia era fortemente coinvolta in attività bancarie sospette.

Mario Galindo

Galindo e la sua famiglia, come Calderon, erano coinvolti in banche sospettate di riciclare il denaro della droga, tra cui il Banco del Istmos, il cui presidente, Samuel Lews Galindo, era parente di Mario Galindo.

Tutti questi elementi erano ben noti a Ivan Robles, che lavorava alla Dadeland Bank, e ad Antonio Fernandez, che contrabbandava tonnellate di marijuana negli Stati Uniti. Nel 1976, la rete Fernandez iniziò ad acquistare azioni della Dadeland Bank, che era co-proprietaria di Ford, Eisenmann e Rodriguez. Il Presidente Bush ha accolto calorosamente Rodriguez come inviato di Endara negli Stati Uniti. Collocando questi uomini in ruoli di rilievo nel governo panamense, l'amministrazione Bush sembrava aver raggiunto il suo secondo obiettivo, ovvero facilitare, non rendere più difficile, il traffico di droga a Panama, che, come ho detto prima, era il secondo obiettivo dell'invasione di Panama.

In seguito alle richieste di abrogazione delle leggi sulla segretezza a Panama, in difesa della sua posizione, Ford ha affermato che non c'è bisogno di cambiare la legge: "La segretezza non sarà usata per scopi illegali". Altri, come il Comptroller, hanno affermato che Panama non cambierà alcuna legge.

> "Non dovremmo cambiare il nostro intero sistema legale a causa delle droghe. Non possiamo cambiare l'intero sistema giuridico a causa di una sola cosa, la droga",

ha dichiarato Ruben Diaro Carlos. Nessuno osò dire che questo era esattamente ciò che Noriega aveva fatto e il motivo principale per cui doveva essere rimosso con la forza.

Il 31 dicembre 1989, il prestigioso quotidiano brasiliano *Jornal do Brasil*, il più importante del Paese, pubblicò un articolo in prima pagina intitolato "Relazioni pericolose con i narcotrafficanti", in cui venivano citati i nomi di alcuni membri della "cerchia ristretta" del governo Bush a Panama. Questi sono gli uomini che hanno detto prima del verdetto del processo Noriega a Miami:

> "... se il generale Noriega sarà assolto a Miami, sarà accusato di omicidio".

Ho tradotto l'articolo, che sostanzialmente diceva che Guillermo Endara sarebbe stato particolarmente vulnerabile a causa dei suoi legami con Carlos Eleta, "accusato di aver riciclato 600 chili di cocaina e di aver riciclato denaro sporco negli Stati Uniti". L'articolo citava anche il nome del fratello del Vicepresidente Calderon, Jaime Calderon, che aveva legami con la First Inter Americas Bank, di proprietà di Gilberto Orejula, accusato nel 1985 di aver trasferito 46 milioni di dollari, proventi della vendita di droga, alla filiale del Banco Cafetero Panama a New York. Secondo l'articolo, Billy Ford era coinvolto con l'ambasciatore a Washington, Carlos Rodriguez, e Bobby Eisenmann nel riciclaggio dei fondi della droga attraverso la Dadeland National Bank in Florida.

In un sottotitolo, Guillermo Endara viene descritto come "Un miserabile peone nel gioco degli americani". L'articolo dice: "L'Endara è chiamata Pan Dulce (animelle), grassa e morbida". L'articolo prosegue dicendo che Endara è una delle famiglie povere dell'oligarchia bianca, presente sulla scena dal 1904:

> Endara ha iniziato la sua vita politica come oscuro avvocato a Panama City nell'ufficio di Galileo Soliz, ministro degli Esteri in uno dei governi di Anulfo Arias... Endara non ha mai avuto idee proprie, era fedele come un cucciolo e ripeteva quello che diceva Arias, e probabilmente è per questo che Bush lo ha scelto come suo "yes man".

Erano questi gli uomini che Bush voleva al comando di Panama? A quanto pare, eppure, mentre ci sono molte ragioni per puntare il dito contro il "governo Bush" a Panama, non è stata presentata in tribunale una sola prova che coinvolga Manuel Noriega. Il Gran Giurì degli Stati Uniti non avrebbe dovuto indagare su questo caso molto tempo fa? È questo uno dei motivi per cui Noriega è stato tenuto in isolamento per così tanto tempo? Il Dipartimento di Giustizia aveva paura di ciò che Noriega avrebbe potuto dire sul banco dei testimoni?

Gli sviluppi a Panama dimostrano quanto fosse falsa la guerra alla droga di Bush. Non ci sono molte persone che non lo credono, e naturalmente questo è il più grande vantaggio che i sostenitori della legalizzazione delle droghe hanno per se stessi. Il loro atteggiamento è: "Guardate, anche le vaste risorse degli

Stati Uniti non sono sufficienti a fermare il traffico di droga. Perché cercare di combattere l'inevitabile? Perché non fare leggi che centralizzino il controllo e tolgano la droga dalle mani degli elementi criminali? "C'è chi fa pressione sul Congresso e minaccia la guerra civile se non si fa presto. La costante proiezione nei notiziari notturni della "brutalità della polizia", che si presume sia diretta principalmente contro i poveri nelle principali città americane, sta avendo l'effetto desiderato. Non si deve pensare che questi rapporti siano "notizie". Lo scopo e l'obiettivo dei principali network di informazione durante questo periodo era quello di far capire ai poveri che erano vittime della brutalità della polizia mentre i "grandi", di solito bianchi, la facevano franca. I leader neri chiedevano che venisse tolta la "pressione" sulla popolazione nera o che venisse legalizzata la droga.

L'invasione di Panama ha fornito alla lobby della droga una base su cui costruire. "Se non ha fermato il flusso di droga, come può farcela la polizia?", hanno chiesto. Uno dei leader pro-droga, Andrew Weill, ha dichiarato a una conferenza della Drug Policy Foundation che, a causa della brutalità della polizia nei confronti dei neri delle città durante le retate antidroga, potrebbe scoppiare una guerra civile in qualsiasi momento. Ira Glasser, direttore esecutivo dell'American Civil Liberties Union, ha detto al pubblico che la legalizzazione delle droghe è diventata una questione di destra, sostenuta da personalità come George Schultz, William F. Buckley e Milton Friedman. Glasser ha esortato la nazione a "superare gli aspetti negativi e iniziare a convincere la polizia, i legislatori e il pubblico" dell'idea di legalizzare le droghe.

Kevin Zeese, vicepresidente e consigliere generale della Drug Policy Foundation, ha dichiarato:

> La guerra alla droga è più dannosa della droga stessa. L'equilibrio si riduce praticamente a questo. La guerra alla droga è più pericolosa per la nostra società di quanto non lo sia la droga stessa? Possiamo affrontare il problema della droga in un modo che sia meno costoso per la nostra società, non solo in termini economici, ma anche in termini umani?

Zeese ha continuato dicendo che l'eroina era una via di fuga dalla sofferenza, cosa che, pur non essendo partigiano, poteva capire. Ora che il generale rapito Noriega langue in una prigione federale a Miami, cosa intende fare il Dipartimento di Giustizia di Bush con lui?

Una delle cose che mi lascia perplesso è il silenzio assordante delle organizzazioni per le libertà civili in questo Paese e nel mondo sui crimini commessi contro di lui dal governo statunitense. Si potrebbe immaginare che il rapimento di un capo di Stato susciti ruggiti di protesta da parte di questi guardiani della libertà. Eppure non è successo nulla del genere. Immaginate cosa sarebbe successo se Nelson Mandela fosse stato rapito dal Sudafrica e portato, ad esempio, in Italia per essere processato. Ci sarebbero stati clamori e tumulti senza fine fino alla liberazione di Mandela. Il rapimento e l'incarcerazione illegale di Noriega evidenziano il fatto che in questo Paese vige un deplorevole doppio standard, che a quanto pare il popolo americano non trova così negativo, o forse perché gli è stato fatto il lavaggio del cervello dalla stampa?

Perché il processo al generale Noriega è stato ritardato così a lungo? Dopotutto, erano già state commesse tutte le possibili violazioni dei suoi diritti, come il monitoraggio delle conversazioni telefoniche con il suo avvocato e il congelamento dei suoi fondi per costringerlo ad accettare un avvocato d'ufficio. Inoltre, dato che gli Stati Uniti esercitano un controllo totale e illimitato su Panama, si può immaginare che il Dipartimento di Giustizia abbia le prove documentali necessarie per perseguirlo con successo. Perché questo lungo e indecoroso ritardo? La giustizia non è forse una giustizia ritardata?

Il 16 novembre 1990, Noriega rilasciò al giudice William Hoevler una dichiarazione che merita di essere ripetuta, poiché dimostra come la giustizia sia stata prostituita nel caso Noriega:

> "Sono ora alla mercé di un sistema totalmente ingiusto e iniquo, che sceglie i miei pubblici ministeri e ora sceglie il mio avvocato difensore. Quando sono stato portato negli Stati Uniti, credevo erroneamente che avrei avuto un processo equo. Per far sì che

ciò avvenisse, credevo anche di poter utilizzare il mio denaro per assumere gli avvocati di mia scelta. È dolorosamente ovvio che il governo degli Stati Uniti non vuole che io possa difendermi e ha fatto tutto il possibile per negarmi un processo equo e un giusto processo.

Hanno preso i miei soldi, mi hanno privato dei miei avvocati, mi hanno filmato in cella, hanno intercettato le mie conversazioni telefoniche con i miei avvocati e le hanno consegnate al governo di Endara e alla stampa. Il governo statunitense ha ignorato il mio status di prigioniero di guerra e ha violato la Convenzione di Ginevra.

Quel che è peggio è che non hanno agito in modo umanitario. Nonostante le ripetute richieste della Croce Rossa Internazionale, hanno violato i miei diritti umani negando a mia moglie e ai miei figli il visto per visitare il marito e il padre, una vergognosa violazione del diritto internazionale.

È ovviamente nell'interesse del governo statunitense che io non possa difendermi, perché so cosa temono. Questo non è un caso di droga. Mi rendo conto che questo caso ha implicazioni ai più alti livelli del governo statunitense, compresa la Casa Bianca.

Non mi sono mai illuso che questo caso sarebbe stato un combattimento equo, ma non mi sarei nemmeno aspettato che un esercito virtuale di procuratori e investigatori si trovasse su un campo di battaglia così impari e che fosse consentito solo ad avvocati che non sono pagati nulla e che possono portare solo pistole mentre l'ufficio del procuratore ha armi nucleari. La chiamano lotta giusta; la battaglia che ci aspetta è molto simile a quella che gli Stati Uniti hanno combattuto quando hanno invaso il mio Paese. Quella era una battaglia unilaterale e ingiusta, e lo è anche questa. "

La situazione in cui si trovò Noriega è quella in cui ogni americano potrebbe un giorno trovarsi di fronte a un governo corrotto e brutalizzato. La situazione di Noriega ha messo in ridicolo il 4 luglio. Si fa beffe della Costituzione degli Stati Uniti. Nel frattempo, non si sente una sola voce che difenda Noriega, e per me questa è una delle cose più vergognose di una situazione vergognosa. Non è una situazione che si può ignorare, perché ciò che è accaduto a Noriega è responsabilità di ogni americano. Ciò che è stato largamente ignorato dai media è il fatto che invadendo Panama e sequestrando il generale Noriega, gli Stati Uniti hanno violato non solo la Costituzione statunitense, ma anche la Carta dell'Organizzazione degli Stati Americani (OSA) di cui sono firmatari, compresi gli articoli 18, 15, 20 e 51.

L'articolo 18 recita:

> Nessuno Stato o gruppo di Stati ha il diritto di intervenire, direttamente o indirettamente, per qualsiasi motivo, negli affari interni o esterni di un altro Stato.

L'articolo 20 recita:

> Il territorio di uno Stato è inviolabile; non può essere soggetto, nemmeno temporaneamente, a occupazione militare o ad altre misure di forza da parte di un altro Stato.

Ho già detto che Bush non ha ottenuto una dichiarazione di guerra dal Congresso prima di invadere Panama. Invece, Bush ha scelto di aggirare la Costituzione informando il Congresso che stava invocando la Legge sulle Emergenze Nazionali a causa di un'emergenza nazionale provocata da

> "una minaccia insolita e straordinaria alla sicurezza nazionale e alla politica estera degli Stati Uniti rappresentata dalla Repubblica di Panama".

Questa cosiddetta legge è una farsa totale, una "tabula raza", un pezzo di carta senza valore progettato unicamente per sovvertire la Costituzione degli Stati Uniti.

Il Presidente ha mentito all'opinione pubblica americana quando ha detto il 20 dicembre 1989:

> "Venerdì scorso, il generale Noriega ha dichiarato che la sua dittatura militare è in stato di guerra con gli Stati Uniti."

In realtà, non c'era una sola prova a sostegno di un'accusa così assurda.

In breve, si trattava di una palese menzogna. Nonostante tutto ciò che il Presidente ha fatto o detto, non è riuscito a ottenere una dichiarazione di guerra contro Panama, cosa che avrebbe ripetuto mandando quella nazione in guerra con l'Iraq, e che probabilmente avrebbe visto l'inizio della morte della Costituzione statunitense.

Un'altra menzogna del Presidente è stata la sua affermazione del 20 dicembre che

> "Le minacce e gli attacchi sconsiderati del generale Noriega contro gli americani a Panama hanno creato un pericolo imminente per i 35.000 cittadini americani a Panama".

La verità è che c'è stato un solo attacco al personale militare statunitense, risultato del piano di scontro deliberato ordinato dal generale Cisneros. Quella singola tragedia si è verificata quando tre marines americani hanno attraversato tre diversi posti di blocco PDF. Dopo essere stati fermati al quarto, c'è stato un alterco tra il PDF e i Marines che non erano in uniforme.

I marines sono poi fuggiti e, dopo essere stati ripetutamente intimati di fermarsi, hanno sparato dei colpi, uno dei quali si è rivelato fatale. Il Presidente Bush è responsabile della morte di questo soldato. Solo su questa tragedia Bush ha basato la sua assurda affermazione che il generale Noriega aveva dichiarato guerra agli Stati Uniti e "minacciava l'integrità dei trattati sul Canale di Panama". Ciò che il segretario Cheney disse al pubblico americano fu che l'amministrazione Bush aveva pronti i piani di invasione già nel marzo 1989.

Lo stesso Segretario Cheney tende a confermarlo quando, il 20 dicembre, ha affermato che:

> "L'ordine è stato dato nella tarda serata di domenica per attuare il piano che era in atto da tempo. È stata una delle prime cose su cui sono stato informato quando sono diventato segretario alla Difesa la scorsa primavera. "

Cheney è stato un incallito piantagrane, un maestro dell'inganno, e gli Stati Uniti sono destinati a perdere molti dei loro tesori e dei loro figli a causa della sua doppiezza. Dovrebbe essere interdetto dal ricoprire qualsiasi carica pubblica in futuro. Un'altra bugia dell'amministrazione fu l'annuncio fatto da Marlin Fitzwater, parlando a nome del Presidente, il 20 dicembre 1989. Fitzwater ha dichiarato alla nazione che "l'integrità dei trattati sul Canale di Panama è a rischio". Nella stessa data, James Baker III dichiarò alla stampa che uno degli scopi dell'invasione statunitense era quello di "difendere l'integrità dei diritti degli Stati Uniti ai sensi dell'articolo IV dei trattati sul Canale di Panama". Ma quando gli è stato chiesto di elencare esattamente quali minacce fossero state fatte da Noriega contro l'integrità dei trattati, Baker non è stato in grado di fornirne alcuna. La sua risposta è stata:

> "Beh, è molto speculativo, a parte il fatto che - voglio dire, lasciatemi dire con rispetto che abbiamo già detto che prevediamo che ci potrebbero essere problemi per quanto riguarda il Canale se Noriega continua a mantenere il potere in modo illegittimo. Per quanto riguarda le sfide all'integrità dei nostri diritti negli ultimi due o tre anni, vorrei solo fare riferimento alla - nell'ultimo anno - forse dovrei tornare indietro, ma, nell'ultimo anno, vorrei farvi riferimento alla continua tendenza di molestie che abbiamo visto contro gli americani nell'esercizio dei nostri diritti di trattato. "

Queste "prove" maldestre, incespicanti e frettolosamente inventate, secondo cui Noriega avrebbe minacciato i diritti del canale statunitense, erano il meglio che Baker riuscisse a proporre. Si è rivelato un povero bugiardo. Eppure, sulla base di prove totalmente infondate e non supportate prodotte dal Presidente Bush, dal Segretario Cheney e dal Segretario Baker, questa nazione ha commesso un'invasione gravemente illegale di uno Stato sovrano con cui aveva un trattato, violando il diritto internazionale e costituzionale.

Con il sequestro del generale Noriega, il nostro governo si è abbassato al livello dei pirati della Costa di Barberia e, così facendo, ha calpestato la Costituzione statunitense e il diritto internazionale. Che ci piaccia o no, che queste parole sembrino dure e bigotte, i fatti sono fatti e non possono essere negati. Come nazione, siamo tutti ugualmente responsabili, insieme al presidente Bush, della condotta illegale della sua amministrazione, perché siamo rimasti a guardare e abbiamo permesso che accadesse senza nemmeno un mormorio di protesta.

Il Presidente Bush ha dichiarato in diretta agli americani che uno dei motivi per cui ha ordinato l'invasione di Panama è "difendere la democrazia".

Anche se nessuno di noi se ne rese conto, questa sarebbe stata una delle scuse per entrare in guerra con l'Iraq. La democrazia doveva essere salvata in Iraq, a prescindere dal fatto che in quella dittatura non ce n'era mai stato un accenno. A proposito, gli Stati Uniti non sono una democrazia, ma una Repubblica. Non siamo nemmeno i poliziotti del mondo.

Non siamo più una nazione di diritto dopo la nostra guerra genocida contro l'Iraq! La democrazia era viva e vegeta a Panama. Nonostante due anni di ingerenze, spesso rozze e palesi, negli affari interni di Panama, in flagrante violazione del trattato OSA di cui gli USA sono firmatari, e nonostante almeno due tentativi criminali di assassinare il generale Noriega nel maggio 1989, si sono tenute le elezioni nazionali.

Qual è stata la reazione del presidente Bush? Fortemente sostenuta dagli sciacalli dei media, l'amministrazione Bush ha speso più di 11 milioni di dollari per sostenere la piattaforma dell'opposizione pesantemente drogata di Endara, Billy Ford e Calderon.

Sulla base della sua esperienza con le elezioni filippine, in cui erano coinvolti tutti i settori del governo statunitense, compresi i nostri servizi di intelligence, Bush ha ordinato il dispiegamento dello "scenario Marcos" contro il popolo di Panama. La banda Endara, finanziata da Bush, ha scatenato un'ondata di disordini, ha rubato le urne per impedire il conteggio dei voti, gridando a gran voce che i voti erano stati "manomessi". È stata un'inquietante ripetizione delle elezioni filippine, con "osservatori internazionali" pagati da prostitute e il solito corpo di sciacalli dei media, tutti a gridare il loro sostegno a queste menzogne e un presagio inquietante delle cose a venire negli stessi Stati Uniti.

Nel mezzo del caos creato da Bush e nell'impossibilità di contare i voti, il governo panamense ha fatto ciò che qualsiasi altro governo avrebbe fatto: ha annullato le elezioni. Non avrebbe potuto fare altrimenti, viste le massicce e pervasive operazioni di sabotaggio condotte dall'amministrazione Bush. O almeno, questo è ciò che Bush sperava che accadesse. Anche allora, il governo panamense era ansioso di dimostrare al mondo che stava cercando di fare la cosa giusta. Ha offerto alla banda dell'opposizione Endara, contaminata dalla droga, l'opportunità di partecipare a un governo di coalizione.

Su consiglio di Washington, questa generosa offerta fu rifiutata dal "povero peone bianco" Endara. Come abbiamo visto nei "negoziati" sull'Iraq, Bush era determinato a distruggere la PDF, a rapire Noriega e a occupare Panama, e nessuna quantità di buona volontà offerta da uomini di buon senso gli avrebbe impedito di raggiungere i suoi obiettivi. In realtà, sotto l'amministrazione Bush, l'America è diventata la nazione più malvagia del mondo, una vera e propria tirannia dispotica.

In uno degli atti più sorprendenti e sfacciati della sua carriera, il presidente Bush ha dichiarato la banda Endara, coinvolta nel traffico di droga, "governo ufficiale di Panama". Questi uomini, così pesantemente coinvolti nelle banche di riciclaggio della droga, hanno prestato "giuramento" in una base militare statunitense. Se mai c'è stata una legge della giungla, è stata questa. Poi, 45 minuti dopo, gli Stati Uniti hanno invaso la nazione sovrana di Panama in uno dei più evidenti atti di aggressione di questo secolo. Se questa è la democrazia in azione, allora che Dio aiuti l'America, perché ciò che è accaduto a Panama si ripeterà sicuramente all'interno del Paese e ovunque, dato che il Partito Repubblicano diventa il partito della costruzione dell'impero.

Abbiamo permesso al male di trionfare scegliendo di rimanere in silenzio. Siamo stati indifferenti alle sofferenze di altre nazioni per mano degli Stati Uniti, quindi quando arriverà il nostro turno, avremo solo noi stessi da incolpare. La nostra mancanza di protesta, persino la nostra approvazione della legge della giungla in azione a Panama e in Iraq, ci rende meritevoli della punizione di Dio Onnipotente, che sicuramente si abbatterà su questa nazione a causa della nostra tolleranza delle azioni malvagie. Ovunque io viaggi vedo manifesti e cartelloni: "Dio benedica l'America" e devo chiedermi perché Dio dovrebbe benedire l'America quando tanto male viene fatto nel Suo nome?

Un'altra scusa per l'invasione di Panama addotta dal presidente Bush è stata che saremmo andati a Panama "per combattere il traffico di droga". Questo è ciò che Bush ha avuto l'audacia di dire il 20 dicembre 1989, mentre preparava il suo "discorso di Natale" al popolo di Panama e agli Stati Uniti. Un esame dei file della DEA avrebbe presto rivelato che John Lawn, l'ex capo della DEA, aveva spesso citato in termini entusiastici la piena collaborazione ricevuta dal generale Noriega, dalla PDF e dal governo panamense. Durante il mandato del generale Noriega, il problema della droga era diminuito in modo significativo.

Il 27 maggio 1989, John Lawn scrisse a Noriega per congratularsi della preziosa assistenza ricevuta nel sequestro dei conti bancari dei narcotrafficanti, che Lawn descrisse come "l'operazione sotto copertura più riuscita nella storia della Polizia Federale".

Il prato ha detto:

> "Ancora una volta, la DEA degli Stati Uniti e le autorità di polizia della Repubblica di Panama hanno unito le forze per sferrare un colpo efficace ai trafficanti di droga... "

Il suo impegno personale nell'OPERAZIONE POISSON e gli sforzi professionali competenti e instancabili di altri funzionari della Repubblica di Panama sono stati essenziali per il buon esito di questa indagine.

I trafficanti di droga di tutto il mondo sanno ormai che i proventi e i profitti delle loro attività illegali non sono ben accetti a Panama.

Non c'è da stupirsi che i signori e le signore d'Inghilterra e gli abitanti in gessato delle banche di Wall Street abbiano iniziato a preoccuparsi. Non c'è da stupirsi che Rockefeller abbia ordinato a Bush di sbarazzarsi di Noriega e del governo panamense il prima possibile. Noriega era davvero serio e sincero nella sua guerra alla droga! Pur avendo affermato che Noriega era un trafficante di droga, il Presidente Bush non ha mai fornito alcuna prova a sostegno delle sue affermazioni.

Infatti, Adam Murphy, a capo della Task Force della Florida nell'ambito del National Narcotics Border Interdiction System (NNBIS), ha dichiarato categoricamente che

> "Durante il mio incarico all'NNBIS e alla Task Force South Florida, non ho mai visto alcuna informazione che suggerisse che il generale Noriega fosse coinvolto nel traffico di droga. In effetti, abbiamo sempre indicato Panama come un modello di cooperazione con gli Stati Uniti nella guerra alla droga. Ricordate che in questo Paese un'accusa del Gran Giurì non è una condanna. Se il caso Noriega verrà mai processato, rivedrò le prove e le conclusioni della giuria, ma fino a quel momento non ho prove dirette del coinvolgimento del generale. La mia esperienza è contraria. "

Tuttavia, nonostante le raccomandazioni entusiastiche di John Lawn per il generale Noriega e il governo panamense nella sua lettera del 27 maggio 1987, meno di un mese dopo Bush inscenò una rivolta contro il legittimo governo di Panama. Carlos Eleta e i suoi soci d'affari, tra cui Endara, il peone, ricevettero immediatamente l'appoggio dell'esercito statunitense a Panama. Abbiamo visto lo stesso modus operandi in Iran con la scellerata rimozione del Primo Ministro Mossadegh durante le indagini del generale statunitense Hauser.

Questa disgustosa violazione del trattato OSA non è stata protestata da nessuno in questo Paese. Pat Robertson, il televangelista, e tutti i suoi associati amanti della libertà sono rimasti in silenzio di fronte alla comprovata illegalità del governo statunitense. Pertanto, ci meritiamo ciò che otterremo quando il governo rivolgerà le sue politiche senza legge verso l'interno e le utilizzerà sui suoi cittadini. È stato il successo del governo panamense di Noriega nell'estirpare la mafia della droga da Panama, condotto sulla base del fatto che credeva stupidamente che gli Stati Uniti fossero effettivamente impegnati in una guerra alla droga, e per il sincero desiderio di adempiere agli obblighi del trattato OAS nei confronti degli Stati Uniti, a causare la caduta del governo panamense e del generale Noriega.

Consentendo al Presidente Bush di farsi beffe della Costituzione degli Stati Uniti, sarà anche la fine degli Stati Uniti così come li conosciamo.

Il "crimine" di cui Noriega e il suo governo sono colpevoli è di aver fatto troppo bene il proprio lavoro e di aver calpestato pesantemente i piedi della Dope International Limited e dei signori, signore e signori che siedono nel suo consiglio di amministrazione. Che questa sia una lezione per tutti coloro che nel mondo credono che l'amministrazione Bush sia davvero impegnata in una guerra alla droga. È una guerra fasulla, niente di più e niente di meno, come hanno detto diversi agenti della DEA, tra cui uno che ha affrontato The Corporation, il grande cartello boliviano della cocaina, e i suoi partner messicani, hanno scoperto a loro spese che era più probabile essere "ritirati piuttosto che elogiati" se ci si avvicinava troppo ai vertici del narcotraffico, oppure soffrire per mano di un tiranno e vedere il proprio destino deciso da un tribunale fantoccio.

La situazione a Panama nel 2009 è che la droga scorre più liberamente che mai e le banche che riciclano il denaro sporco operano più liberamente. L'economia del Paese è in crisi e attende un'iniezione americana di milioni di dollari, ma nulla di tutto ciò ha importanza. Ciò che conta è che la "democrazia" abbia trionfato nel Paese. Che sia una lezione per tutti i paesi dell'America Latina! Che sia di lezione a tutte le nazioni: se continua così, nessuna nazione al mondo sarà al sicuro. Quando si diventa amici degli Stati Uniti, si può perdere il proprio Paese.

Capitolo 5

Il ruolo del Pakistan nella guerra alla droga

L a Lega Musulmana formò il primo governo del Pakistan sotto la guida di Muhammad Ali Jinnah e Liaquat Ali Khan.

La leadership della Lega Musulmana nella politica pakistana è diminuita notevolmente con l'ascesa di altri partiti politici, in particolare il Partito Popolare Pakistano (PPP) nel Pakistan occidentale e la Lega Awami nel Pakistan orientale, che ha portato alla creazione del Bangladesh. La prima Costituzione del Pakistan fu adottata nel 1956, ma fu sospesa nel 1958 da Ayub Khan. La Costituzione del 1973, sospesa nel 1977 da Zia-ul-Haq, è stata ripristinata nel 1991 ed è il documento più importante del Paese, che pone le basi per il governo.

Il Pakistan è una repubblica democratica federale la cui religione di Stato è l'Islam. Il sistema semipresidenziale prevede una legislatura bicamerale con un Senato di 100 membri e un'Assemblea nazionale di 342 membri.

Il Presidente è il capo dello Stato e il comandante in capo delle forze armate. È eletto da un collegio elettorale.

Il primo ministro è solitamente il leader del partito più grande dell'Assemblea nazionale. Ogni provincia ha un sistema di governo simile, con un'Assemblea Provinciale eletta direttamente, in cui il leader del partito o dell'alleanza più grande diventa Ministro Capo. I governatori provinciali sono nominati dal Presidente.

I militari pakistani hanno svolto un ruolo influente nella politica tradizionale nel corso della storia del Pakistan, con presidenti militari al potere dal 1958 al 1971, dal 1977 al 1988 e dal 1999. Il PPP di sinistra, guidato da Zulfikar Ali Bhutto, divenne un importante attore politico negli anni Settanta. Sotto il regime militare di Muhammad Zia-ul-Haq, il Pakistan ha iniziato un netto cambiamento dalle politiche secolari dell'era britannica all'adozione della Sharia e di altre leggi basate sull'Islam.

Negli anni '80, il Muttahida Qaumi Movement (MQM), un movimento anti-feudale e pro-Muhajir, è stato lanciato da cittadini non ortodossi e istruiti nel Sindh e in particolare a Karachi. Gli anni '90 sono stati caratterizzati da una politica di coalizione dominata dal PPP e da una Lega Musulmana ringiovanita.

Alle elezioni generali dell'ottobre 2002, la Lega Musulmana del Pakistan (PML-Q) ha ottenuto una pluralità di seggi nell'Assemblea Nazionale, mentre il secondo gruppo più numeroso è costituito dai parlamentari del Partito Popolare del Pakistan (PPPP), un sotto-partito del PPP. Zafarullah Khan Jamali del PML-Q divenne Primo Ministro, ma si dimise il 26 giugno 2004 e fu sostituito dal leader del PML-Q Chaudhry Shujaat Hussain come Primo Ministro ad interim. Il 28 agosto 2004, l'Assemblea nazionale ha votato con 191 voti favorevoli e 151 contrari per eleggere primo ministro il ministro delle Finanze ed ex vicepresidente di Citibank Shaukat Aziz. Il Muttahida Majlis-e-Amal, una coalizione di partiti religiosi islamici, ha vinto le elezioni nella Provincia della Frontiera Nord Occidentale, aumentando la propria rappresentanza nell'Assemblea Nazionale.

Il Pakistan è un membro attivo delle Nazioni Unite (ONU) e dell'Organizzazione della Conferenza Islamica (OIC), quest'ultima utilizzata come forum per la moderazione illuminata, un piano per promuovere la rinascita e l'illuminazione nel mondo musulmano. Il Pakistan è anche membro delle principali organizzazioni regionali Associazione dell'Asia meridionale per la cooperazione regionale (SAARC) e Organizzazione per la cooperazione economica (ECO). In passato, il Pakistan ha avuto rapporti contrastanti con gli Stati Uniti, soprattutto nei primi anni Cinquanta, quando era il "più grande alleato degli Stati Uniti in Asia" e membro dell'Organizzazione centrale del trattato (CENTO) e dell'Organizzazione del trattato per l'Asia sudorientale (SEATO).

Durante la guerra sovietico-afghana degli anni '80, il Pakistan è stato un alleato cruciale degli Stati Uniti, ma le relazioni si sono deteriorate negli anni '90 quando gli Stati Uniti hanno applicato sanzioni a causa dei sospetti sulle attività nucleari del Pakistan. Gli attentati dell'11 settembre e la successiva guerra al terrorismo hanno portato a un miglioramento dei legami tra Stati Uniti e Pakistan, in particolare dopo che il Pakistan ha posto fine al suo sostegno al regime talebano di Kabul. Ciò si è riflesso in un drastico aumento degli aiuti militari statunitensi, che hanno visto il Pakistan ricevere 4 miliardi di dollari in più nei tre anni successivi agli attacchi dell'11 settembre rispetto ai tre anni precedenti.

Il Pakistan ha da tempo un rapporto difficile con la vicina India. La disputa sul Kashmir ha portato a guerre su larga scala nel 1947 e nel 1965. La guerra civile del 1971 degenerò nella guerra d'indipendenza del Bangladesh e nella guerra indo-pakistana del 1971. Il Pakistan ha condotto test di armi nucleari nel 1998 per controbilanciare i test di esplosione nucleare dell'India, chiamati rispettivamente "Smiling Buddha" nel 1974 e Pokhran-II nel 1998, ed è diventato l'unico Stato musulmano con armi nucleari. Le relazioni con l'India sono migliorate costantemente dopo le iniziative di pace del 2002. Il Pakistan ha strette relazioni economiche, militari e politiche con la Repubblica Popolare Cinese.

Il Pakistan deve affrontare anche l'instabilità delle Aree Tribali ad Amministrazione Federale, dove alcuni leader tribali sostengono i Talebani. Il Pakistan ha dovuto dispiegare l'esercito in queste aree per sedare i disordini locali in Waziristan. Il conflitto in Waziristan si è concluso con un accordo di pace recentemente dichiarato tra i leader tribali e il governo pakistano, che dovrebbe portare stabilità alla regione. Inoltre, il Paese ha da tempo affrontato l'instabilità del Balochistan, la provincia più grande per dimensioni ma più piccola per popolazione.

L'esercito è stato impiegato per combattere una grave insurrezione nella provincia dal 1973 al 1976. La stabilità sociale riprese dopo che Rahimuddin Khan fu nominato amministratore della legge marziale dal 1977. Dopo una relativa pace negli anni '80 e '90, alcuni influenti leader tribali Baloch hanno rilanciato un movimento separatista quando Pervez Musharraf è salito al potere nel 1999. Nell'agosto 2006, Nawab Akbar Bugti, leader dell'insurrezione baloch, è stato ucciso dalle forze militari pakistane. Il 3 novembre 2007, il Presidente Musharraf ha dichiarato lo stato di emergenza in tutto il Pakistan e ha preteso di sospendere la Costituzione, imponendo la legge marziale.

A Islamabad, le truppe sarebbero entrate nella Corte Suprema e avrebbero circondato le case dei giudici. Leader dell'opposizione come Benazir Bhutto e Imran Khan sono stati messi agli arresti domiciliari. L'avvocato Abdul Hameed Dogar è stato nominato nuovo Presidente della Corte Suprema del Pakistan, a causa del rifiuto di Iftikhar Muhammad Chaudhry di avallare l'ordinanza di emergenza, dichiarandola incostituzionale, sebbene egli stesso avesse prestato giuramento sotto il regime del PCO nel 1999. In risposta, il 22 novembre 2007 il Pakistan è stato sospeso dai Consigli del Commonwealth delle Nazioni.

Negli ultimi anni, i militanti islamici dell'organizzazione Tehreek-e-Nafaz-e- Shariat-e-Mohammadi (TNSM), guidata dal chierico radicale Maulana Fazlullah, si sono ribellati al governo pakistano nello Swat, nella Provincia della Frontiera Nord Occidentale. In 59 villaggi, i militanti hanno istituito un "governo parallelo" con tribunali islamici che impongono la sharia.

Dopo una tregua di quattro mesi, terminata a fine settembre 2007, i combattimenti sono ripresi. Il corpo paramilitare Frontier Constabulary è stato dispiegato nella regione per sedare la violenza, ma è apparso inefficace.

Il 16 novembre 2007, i militanti avrebbero preso il controllo della sede del distretto di Alpuri, nella vicina città di Shangla. La polizia locale è fuggita senza opporre resistenza all'avanzata delle forze militanti che, oltre ai militanti locali, comprendevano anche volontari uzbeki, tagiki e ceceni.

Per contrastare la militanza e ristabilire l'ordine, il governo pakistano ha schierato una forza dell'esercito regolare pakistano, che ha riconquistato con successo il territorio perduto, rispedendo gli islamisti nei loro nascondigli sulle montagne, ma gli attacchi suicidi contro l'esercito sono continuati.

È stato riferito che il Comando per le operazioni speciali degli Stati Uniti sta valutando alternative per fornire un'assistenza efficace al Pakistan in relazione a questa e ad altre insurrezioni legate ad Al Qaeda nelle aree tribali del Pakistan, ma le prospettive rimangono incerte, anche dopo uno studio speciale del 2008.

La compianta Benazir Bhutto è stata la prima donna eletta alla guida di uno Stato musulmano post-coloniale. È stata eletta due volte Primo Ministro del Pakistan. Ha prestato giuramento per la prima volta nel 1988, ma è stata rimossa dall'incarico 20 mesi dopo per ordine dell'allora Presidente Ghulam Ishaq Khan per presunta corruzione.

Nel 1993, Bhutto è stata rieletta, ma è stata nuovamente rimossa dal suo incarico nel 1996 per motivi analoghi. Nel 1998, la Bhutto è andata in esilio a Dubai, dove è rimasta fino al suo ritorno in Pakistan il 18 ottobre 2007, dopo che il generale Musharraf ha approvato una legge speciale che la assolveva da tutte le accuse di corruzione, concedendole l'amnistia e facendo cadere tutte le accuse di corruzione. Figlia maggiore dell'ex Primo Ministro Zulfikar Ali Bhutto - pakistano di origine sindhi - e di Begum ("Lady") Nusrat Bhutto, pakistana di origine curdo-iraniana, è stata accusata dalla nipote Fatima Bhutto di palese corruzione e di essere responsabile, insieme al marito Asif Zardari, dell'assassinio del fratello Murtaza Bhutto nel 1996.

Dopo due anni di scuola presso il Convento della Presentazione a Rawalpindi, Bhutto fu mandata al Convento di Gesù e Maria a

Murree. Ha superato l'esame di maturità a 15 anni, mentre l'età normale era di 17 anni. Dopo aver completato l'istruzione primaria in Pakistan, ha frequentato l'Università di Harvard, dove si è laureata con lode in governo comparato. La fase successiva della sua formazione si è svolta nel Regno Unito. Tra il 1973 e il 1977, Bhutto ha studiato filosofia, politica ed economia alla Lady Margaret Hall di Oxford. Ha seguito un corso di diritto internazionale e diplomazia a Oxford. Nel dicembre 1976 è stata eletta presidente dell'Oxford Union, diventando la prima donna asiatica a capo della prestigiosa società di dibattito. Il 18 dicembre 1987 ha sposato Asif Ali Zardari a Karachi. Da questo matrimonio sono nati tre figli. Il padre di Benazir Bhutto, l'ex primo ministro Zulfikar Ali Bhutto, fu rimosso dalla carica di primo ministro nel 1975 con accuse di corruzione simili a quelle che Benazir Bhutto avrebbe dovuto affrontare in seguito.

In un processo del 1977, Zulfikar Ali Bhutto fu condannato a morte per aver cospirato all'omicidio del padre del politico dissidente Ahmed Raza Kasuri. Nonostante l'accusa sia stata "ampiamente contestata dall'opinione pubblica" e nonostante i numerosi appelli alla clemenza da parte di leader stranieri, tra cui il Papa, Bhutto fu impiccata il 4 aprile 1979. Gli appelli alla clemenza furono respinti dall'allora presidente, il generale Muhammad Zia-ul-Haq. Benazir Bhutto e sua madre sono state trattenute in un "campo di polizia" fino alla fine di maggio, dopo l'esecuzione del padre.

Nel 1980, suo fratello Shahnawaz è stato ucciso in circostanze sospette in Francia. L'assassinio di un altro dei suoi fratelli, Mir Murtaza, nel 1996 ha contribuito a destabilizzare il suo secondo mandato come primo ministro. La Bhutto, che era tornata in Pakistan dopo aver completato gli studi, si è trovata agli arresti domiciliari in seguito all'imprigionamento e alla successiva esecuzione del padre. Le fu permesso di tornare in Gran Bretagna nel 1984 e divenne leader in esilio del partito PPP del padre, anche se riuscì a far sentire la sua presenza politica in Pakistan solo dopo la morte del generale Muhammad Zia-ul-Haq. Era succeduta alla madre come leader del Pakistan People's Party e dell'opposizione filodemocratica al regime di Zia-ul-Haq.

Il 16 novembre 1988, nelle prime elezioni aperte dopo oltre un decennio, il PPP di Benazir ha ottenuto il maggior numero di seggi all'Assemblea nazionale. La Bhutto ha prestato giuramento come Primo Ministro di un governo di coalizione il 2 dicembre 1998, diventando a 35 anni la persona più giovane - e la prima donna - a capo del governo di uno Stato a maggioranza musulmana nei tempi moderni.

Ma il suo governo è stato destituito nel 1990 con accuse di corruzione, per le quali non è mai stata processata. Nawaz Sharif, pupillo di Zia, è poi salito al potere. La Bhutto è stata rieletta nel 1993, ma è stata rimossa dall'incarico tre anni dopo in seguito a una serie di scandali di corruzione dall'allora presidente Farooq Leghari, che ha usato i poteri discrezionali dell'ottavo emendamento per sciogliere il suo governo. La Corte Suprema ha confermato l'impeachment del Presidente Leghari con una sentenza di 6-1.

Nel 2006, l'Interpol ha emesso una richiesta di arresto per Benazir e suo marito. Gran parte delle critiche a Benazir provenivano dalle élite del Punjabi e dalle potenti famiglie di proprietari terrieri che si opponevano alla Bhutto perché spingeva il Pakistan verso una riforma nazionalista a scapito degli interessi dei signori feudali, che lei incolpava della destabilizzazione del Paese. Dopo essere stata destituita dal Presidente del Pakistan per corruzione, il suo partito ha perso le elezioni di ottobre. È stata leader dell'opposizione mentre Nawaz Sharif è diventato Primo Ministro per i tre anni successivi. Nell'ottobre 1993 si tennero nuove elezioni e la coalizione del PPP vinse, riportando la Bhutto al potere. Nel 1996 il suo governo è stato nuovamente destituito per corruzione.

Documenti francesi, polacchi, spagnoli e svizzeri hanno portato a ulteriori accuse di corruzione contro Benazar e suo marito, ed entrambi sono stati oggetto di una serie di procedimenti giudiziari, tra cui un'accusa di riciclaggio di denaro attraverso banche svizzere. Suo marito, Asif Ali Zardari, ha trascorso otto anni in carcere con accuse simili di corruzione. Zardari, che è stato rilasciato nel 2004, ha suggerito che il suo periodo di detenzione è stato segnato da torture.

Secondo un'inchiesta del *New York* Times del 1998, le autorità pakistane erano in possesso di documenti che rivelavano una rete di conti bancari, tutti collegati all'avvocato della famiglia in Svizzera, di cui Asif Zardari era il principale azionista. Secondo l'articolo, i documenti rilasciati dalle autorità francesi indicano che Zardari ha offerto diritti esclusivi a Dassault, un costruttore di aerei francese, per sostituire gli obsoleti jet da combattimento dell'aeronautica pakistana, in cambio di una commissione del 5% da pagare a una società svizzera controllata da Zardari. L'articolo afferma inoltre che a una società di Dubai è stata concessa una licenza esclusiva per l'importazione di oro in Pakistan, per la quale Asif Zardari ha ricevuto pagamenti per oltre 10 milioni di dollari sui suoi conti Citibank con sede a Dubai. Il proprietario della società ha negato di aver effettuato pagamenti a Zardari e sostiene che i documenti sono falsi.

La Bhutto sostiene che le accuse contro di lei e il marito sono puramente politiche. "La maggior parte di questi documenti sono inventati", dice, "e le storie che sono state raccontate intorno ad essi sono assolutamente false". Il rapporto dell'Auditor General of Pakistan (AGP) ha sostenuto la tesi della Bhutto. Presenta informazioni che suggeriscono che Benazir Bhutto fu estromessa dal potere nel 1990 a seguito di una caccia alle streghe approvata dall'allora Presidente Ghulam Ishaq Khan. Il rapporto dell'AGP afferma che Khan ha effettuato pagamenti illegali per 28 milioni di rupie per archiviare 19 casi di corruzione contro la Bhutto e suo marito negli anni 1990-1993.

I beni detenuti dalla Bhutto e dal marito sono stati debitamente esaminati dai pubblici ministeri, che hanno poi affermato che i conti bancari svizzeri della Bhutto contenevano 840 milioni di dollari. Zardari ha anche acquistato una villa in stile Tudor Revival e una tenuta del valore di oltre 4 milioni di sterline nel Surrey, in Inghilterra, nel Regno Unito. Gli investigatori pakistani hanno collegato altre proprietà all'estero alla famiglia di Zardari. Tra questi, una villa da 2,5 milioni di dollari in Normandia di proprietà dei genitori di Zardari, che all'epoca del matrimonio avevano un patrimonio modesto. La Bhutto ha negato di possedere beni significativi all'estero.

Fino a poco tempo fa, Benazir Bhutto e suo marito hanno dovuto affrontare accuse di corruzione ufficiale per centinaia di milioni di dollari in "commissioni" su contratti e appalti pubblici. Ma grazie a un accordo di condivisione del potere negoziato nell'ottobre 2007 tra Bhutto e Musharraf, Benazir e il marito hanno ottenuto l'amnistia. Se la decisione dovesse essere confermata, potrebbe spingere diverse banche svizzere a "scongelare" i conti congelati alla fine degli anni Novanta. In linea di principio, l'ordine esecutivo potrebbe essere impugnato dalla magistratura, anche se il futuro di quest'ultima è incerto a causa degli stessi recenti sviluppi. Il 23 luglio 1998, il governo svizzero ha consegnato al governo pakistano documenti relativi ad accuse di corruzione nei confronti di Benazir Bhutto e di suo marito. I documenti includono un'accusa formale di riciclaggio di denaro da parte delle autorità svizzere nei confronti di Zardari.

Il governo pakistano sta conducendo un'importante indagine per recuperare oltre 13,7 milioni di dollari congelati dalle autorità svizzere nel 1997, che sarebbero stati nascosti nelle banche dalla Bhutto e dal marito. Il governo pakistano ha recentemente avviato un procedimento penale contro la signora Bhutto per rintracciare circa 1,5 miliardi di dollari che lei e il marito avrebbero ricevuto in varie imprese criminali. I documenti suggeriscono che il denaro che Zardari avrebbe riciclato era a disposizione di Benazir Bhutto ed era stato utilizzato per acquistare una collana di diamanti per oltre 175.000 dollari.

Il PPP ha risposto negando categoricamente le accuse, suggerendo che le autorità svizzere sono state ingannate da prove false fornite da Islamabad. Il 6 agosto 2003, i magistrati svizzeri hanno riconosciuto Benazir e suo marito colpevoli di riciclaggio di denaro. Sono stati condannati a una pena detentiva sospesa di sei mesi, a una multa di 50.000 dollari ciascuno e al pagamento di 11 milioni di dollari al governo pakistano.

Il processo, durato sei anni, ha concluso che Benazir e Zardari avevano depositato 10 milioni di dollari in conti svizzeri che erano stati dati loro da una società svizzera in cambio di un contratto in Pakistan. La coppia ha dichiarato che farà ricorso.

Gli investigatori pakistani sostengono che Zardari abbia aperto un conto Citibank a Ginevra nel 1995, attraverso il quale avrebbe convogliato circa 40 milioni di dollari dei 100 milioni ricevuti in tangenti da società straniere che facevano affari in Pakistan.

Nell'ottobre 2007, Daniel Zappelli, procuratore del Cantone di Ginevra, ha dichiarato di aver ricevuto lunedì i risultati di un'indagine per riciclaggio di denaro contro l'ex primo ministro pakistano Benazir Bhutto, ma di non essere sicuro che sarà perseguita in Svizzera:

> Il governo polacco ha consegnato al Pakistan 500 pagine di documenti relativi alle accuse di corruzione contro Benazir Bhutto e suo marito. Le accuse riguardano l'acquisto di 8.000 trattori in un'operazione del 1997. Secondo i funzionari pakistani, i documenti polacchi contengono dettagli sulle commissioni illegali pagate dall'azienda di trattori in cambio dell'accettazione del contratto. Si sostiene che l'accordo abbia "scremato" 103 milioni di rupie (2 milioni di dollari) in tangenti.

Le prove documentali ricevute dalla Polonia confermano lo schema di corruzione messo in atto da Asif Zardari e Benazir Bhutto in nome del lancio del progetto del trattore Awami.

Benazir Bhutto e Asif Ali Zardari avrebbero ricevuto una commissione del 7,15% su questi acquisti attraverso i loro prestanome, Jens Schlegelmilch e Didier Plantin di Dargal S.A., che hanno anche ricevuto circa 1,969 milioni di dollari per la fornitura di 5.900 trattori Ursus.

Nel più grande pagamento scoperto dagli investigatori, un commerciante di lingotti d'oro del Medio Oriente avrebbe depositato almeno 10 milioni di dollari su uno dei conti di Zardari, dopo che il governo Bhutto gli aveva concesso il monopolio sulle importazioni d'oro che alimentavano l'industria della gioielleria e il traffico di droga del Pakistan. Il denaro sarebbe stato depositato sul conto Citibank di Zardari a Dubai.

La costa pakistana del Mar Arabico, che si estende da Karachi al confine con l'Iran, è stata a lungo un rifugio per i contrabbandieri d'oro.

Fino all'inizio del secondo mandato di Bhutto, questo commercio, che vale centinaia di milioni di dollari all'anno, non era regolamentato. Frammenti d'oro, chiamati biscotti, e lingotti più pesanti sono stati trasportati in aereo e spediti tra il Golfo Persico e la costa pakistana, in gran parte non sorvegliata. La desolata costa di Maccra è anche il punto di consegna di ingenti carichi di eroina e oppio provenienti dall'Afghanistan ed è il fulcro del commercio di oro con la British Bank of the Middle East, con sede a Dubai.

Poco dopo il ritorno della Bhutto come primo ministro nel 1993, un commerciante di lingotti pakistano a Dubai, Abdul Razzak Yaqub, propose un accordo. In cambio del diritto esclusivo di importare oro, Razzak avrebbe aiutato il governo a regolamentare il commercio. Nel novembre 1994, il Ministero del Commercio pakistano scrisse a Razzak per informarlo che aveva ottenuto una licenza che lo rendeva, almeno per i due anni successivi, l'unico importatore autorizzato di oro del Pakistan.

In un'intervista nel suo ufficio di Dubai, Razzak ha ammesso di aver usato la licenza per importare in Pakistan oro per un valore di oltre 500 milioni di dollari e di essersi recato più volte a Islamabad per incontrare Bhutto e Zardari. Ma ha negato che ci sia stata corruzione o accordi segreti. "Non ho pagato un solo centesimo a Zardari", ha detto.

Razzak sostiene che qualcuno in Pakistan, che voleva distruggere la sua reputazione, ha fatto in modo che la sua società fosse erroneamente identificata come depositante. "Qualcuno nella banca ha collaborato con i miei nemici per fabbricare documenti falsi", ha detto.

Non si è mai parlato dell'enorme commercio di eroina e oppio, anche se è alla base del commercio dell'oro a Dubai. I coltivatori di papavero da oppio di Helmand, in Afghanistan, non accettano carta moneta per i loro raccolti e vengono sempre pagati in oro.

Dal settembre 2004, la Bhutto vive a Dubai, negli Emirati Arabi Uniti, dove si prende cura dei figli e della madre, affetta dal morbo di Alzheimer, viaggia per tenere conferenze e si tiene in contatto con i sostenitori del Pakistan People's Party. Questo naturalmente fa sorgere la domanda. Perché Dubai? La risposta è ovvia. Bhutto rimase a Dubai per supervisionare le enormi transazioni d'oro condotte dalla Banca di Dubai. Lei e i suoi tre figli si sono ricongiunti al marito e al padre nel dicembre 2004, dopo più di cinque anni.

Il 27 gennaio 2007 è stata invitata dagli Stati Uniti a incontrare il Presidente Bush e i rappresentanti del Congresso e del Dipartimento di Stato. Nel marzo 2007, la Bhutto ha partecipato al programma Question Time della BBC nel Regno Unito. È anche apparsa più volte su BBC News Night. Nel maggio 2007, ha ribattuto ai commenti di Muhammad Ijaz-ul-Haq sul cavalierato di Salman Rushdie, affermando che questi chiedeva l'assassinio di cittadini stranieri.

La Bhutto aveva dichiarato la sua intenzione di tornare in Pakistan nel 2007, cosa che ha fatto, nonostante le dichiarazioni di Musharraf nel maggio 2007, secondo cui non le sarebbe stato permesso di tornare prima delle elezioni generali del Paese, previste per la fine del 2007 o l'inizio del 2008, perché avrebbe potuto essere assassinata. Tuttavia, altre fonti l'avevano avvertita che era molto probabile che si tentasse di assassinarla. Il traffico di droga è un'attività molto pericolosa e chi commette l'errore di incrociare le famiglie dei boss di questo lucroso commercio corre un grande rischio.

Lo storico americano Arthur Herman, in una controversa lettera pubblicata sul *Wall Street Journal* il 14 giugno 2007, in risposta a un articolo della Bhutto, fortemente critico nei confronti del presidente e delle sue politiche, l'ha definita "... uno dei leader più incompetenti della storia dell'Asia meridionale", e ha affermato che lei e altre élite pakistane odiano Musharraf perché è un muhajir, figlio di uno dei milioni di musulmani indiani fuggiti in Pakistan al momento della spartizione del 1947. Herman ha anche affermato che:

"Sebbene siano stati proprio i muhajir ad agire per la creazione del Pakistan, molti pakistani etnici li considerano con disprezzo e li trattano come cittadini di terza classe".

Tuttavia, a metà 2007, gli Stati Uniti sembravano spingere per un accordo in cui Musharraf sarebbe rimasto presidente, ma si sarebbe dimesso da capo dell'esercito, e Bhutto o uno dei suoi candidati sarebbe diventato primo ministro.

Nonostante le lotte interne, il traffico di droga continuava, apparentemente ignaro dei conflitti politici in corso. Nessuno ha avuto il coraggio di farsi avanti e di bloccare la strada che dall'Afghanistan portava ai cappotti di Maccra, che avrebbe vietato il massiccio commercio di oppio. La posta in gioco era semplicemente troppo alta perché qualcuno potesse assumersi un compito così monumentale. Nel 2007, la DEA ha riferito che l'oppio proveniente dall'Afghanistan aveva raggiunto una produzione record di 6.000 tonnellate per l'anno in corso, nonostante il fatto che la principale area di coltivazione del papavero da oppio, l'Helmand, fosse costantemente pattugliata, soprattutto dalle truppe britanniche e americane sotto il comando della NATO.

I padroni della droga hanno dimostrato ancora una volta al mondo che, indipendentemente dal tipo di governo che controlla un Paese (qualsiasi Paese, tranne la Russia), possono continuare a fare affari utilizzando metodi innovativi, cambiando ritmo e direzione. Dubito fortemente che al nuovo presidente degli Stati Uniti, Barack Obama, sarà permesso di attuare qualsiasi misura desideri adottare. Il tempo lo dirà. Nel frattempo, il business multimiliardario continua a funzionare. Il nuovo "business plan" del cartello della droga prevede di spostare la distribuzione della cocaina dal Messico, dai Caraibi e da Panama alla lontana Africa.

Inoltre, la leadership ha ridotto il prezzo della cocaina del 50% a livello di commercio all'ingrosso, rendendo il costo di una "riga" di cocaina inferiore a 5 dollari, alla portata di ogni cliente della strada. Il bello di questo piano, dal punto di vista del Cartello, è che i Paesi importatori africani sono facili da gestire e, con una o due eccezioni, l'applicazione della legge è estremamente lassista e molto suscettibile alla corruzione.

Un altro Paese in cui la cocaina entra nel mercato europeo è il "Kosova", un'idea di Richard Holbrook, il cosiddetto architetto della distruzione della Serbia, che è stato semplicemente regalato all'Albania, un Paese decadente che traffica in droga e schiavi bianchi. Sì, che ci crediate o no, il prodotto nazionale lordo dell'Albania è costituito dai proventi del traffico di droga e delle schiave bianche.

D'ora in poi, il commercio di cocaina prospererà in Kosovo come ha fatto per cento anni in Albania. Qualsiasi tentativo da parte degli agenti della DEA di fermarlo sarà accolto con intimidazioni e omicidi. Finché l'agenzia antidroga delle Nazioni Unite e le forze antidroga dell'Europa occidentale e degli Stati Uniti non riusciranno a controllare le nuove rotte di distribuzione, i signori dei cartelli della droga avranno campo libero.

Aggiornamento aprile 2009

T re anni fa, le autorità messicane, spinte dagli Stati Uniti, hanno dichiarato guerra ai narcotrafficanti. Come risultato di questa azione, il Messico rischia un rapido declino e il collasso, a meno che gli Stati Uniti non intervengano e assistano il Messico con truppe e finanziamenti adeguati. Sebbene il nuovo segretario di Stato dell'amministrazione Obama riconosca che la battaglia che infuria in Messico rappresenta un pericolo molto reale se si riversa negli Stati Uniti, ha recentemente dichiarato alla CBS news che si sta preparando a prendere provvedimenti per aiutare il Messico con uomini e denaro. Di fronte al fatto noto che i signori della droga messicani stanno terrorizzando il Messico con atti di brutalità orrenda, la riluttanza degli Stati Uniti ad aiutare è difficile da capire. Non è che il Messico sia molto distante dagli Stati Uniti o che non abbiamo rapporti stretti. In effetti, siamo più vicini al Messico, dal punto di vista diplomatico, che al Canada.

Nel gennaio 2009, terroristi messicani hanno rapito dieci soldati. Poco dopo, i loro corpi crivellati di colpi sono stati lasciati sul ciglio di una strada trafficata. In un altro caso, un cittadino considerato un informatore della polizia è stato rapito, gli è stata tagliata la testa e il suo corpo è stato appeso sul lato di un ponte dell'autostrada in piena vista di migliaia di automobilisti che utilizzavano la metropolitana.

Nel 2008, 6.300 persone sono state rapite e uccise dai terroristi della droga. In effetti, Città del Messico si è guadagnata la poco invidiabile reputazione di capitale mondiale dei rapimenti. Sia i ricchi che i poveri sono vittime. Recentemente, 250.000 persone si sono riunite nella piazza principale di Città del Messico per protestare contro la lentezza della risposta del governo ai signori della droga. Ma la verità è che il Messico non ha né gli uomini né i soldi per organizzare il tipo di risposta schiacciante ai signori della droga che è necessaria. Inoltre, i signori della droga sono meglio armati del governo messicano.

Polizia messicana e agenti federali antidroga. I narcotrafficanti dispongono di fucili automatici e bombe a mano e hanno regolarmente sconfitto la polizia messicana in una serie di scontri a fuoco. Le loro armi di alta qualità vengono acquistate in contanti da rivenditori negli Stati Uniti. Il governo degli Stati Uniti dice che sta facendo pressione per fermare queste vendite di armi. Secondo un recente studio dell'ONU sul Messico, il traffico di droga ha un valore di ben 38 miliardi di dollari all'anno e ogni mese un numero sempre maggiore di trafficanti entra nel giro. La corruzione è diffusa nelle forze antidroga messicane e, sebbene il procuratore generale del Messico affermi di aver adottato nuove misure per frenare il traffico di droga, tutto indica che i crimini violenti legati alla droga sono in aumento. Ci sono alcuni punti luminosi in questo quadro desolante: nel 2008, il Messico ha arrestato 57.000 narcotrafficanti ed è stato appena rivelato che il governo statunitense ha stanziato altri 56 milioni di dollari all'anno per aiutare il Messico nella sua lotta contro i signori della droga.

Come si temeva, il terrorismo della droga messicano si è riversato in 230 città americane ed è ora, a metà aprile 2009, il crimine numero uno in America. È nostro dovere unirci alla lotta in corso contro la pericolosa minaccia che il traffico di droga rappresenta per l'America. Dobbiamo renderci conto che siamo in guerra con uomini spietati che sono determinati a minare e abbattere la nostra grande Repubblica. Gli Stati Uniti devono seguire l'esempio della Presidente colombiana Betancourt. È in gioco l'intero futuro della nostra nazione. Questa non è una guerra che possiamo abbandonare. È una lotta all'ultimo sangue. Dobbiamo vincere questa guerra. Se non lo vinciamo, il nemico all'interno delle nostre porte avrà fatto un enorme passo avanti nell'attuazione del suo programma di schiavitù e oscurità per tutti noi, come previsto nei piani del Governo Unico Mondiale.

Già pubblicato

OMNIA VERITAS LTD PRESENTE:

IL CLUB DI ROMA
IL THINK TANK DEL NUOVO ORDINE MONDIALE

I numerosi eventi tragici ed esplosivi del XX secolo non sono accaduti da soli, ma sono stati pianificati secondo uno schema ben definito...

DI JOHN COLEMAN

Chi sono stati gli organizzatori e i creatori di questi grandi eventi?

OMNIA VERITAS LTD PRESENTE:

LA DITTATURA dell'ORDINE MONDIALE SOCIALISTA

Per tutti questi anni, mentre la nostra attenzione era concentrata sui mali del comunismo a Mosca, i socialisti a Washington erano impegnati a rubare all'America...

DI JOHN COLEMAN

"Il nemico di Washington è più da temere di quello di Mosca".

OMNIA VERITAS LTD PRESENTE:

LE GUERRE PER IL PETROLIO

DI JOHN COLEMAN

Il racconto storico dell'industria petrolifera ci porta attraverso i colpi di scena della "diplomazia".

La lotta per monopolizzare la risorsa ambita da tutte le nazioni

www.ingramcontent.com/pod-product-compliance
Lightning Source LLC
Chambersburg PA
CBHW070913270326
41927CB00011B/2554